Miriam Lemmert

Die Vermarktung des Kindes im Influencer-Marketing

Kinderrechte in Sozialen Netzwerken

Nomos

Onlineversion
Nomos eLibrary

Die Deutsche Nationalbibliothek verzeichnet diese Publikation in der Deutschen Nationalbibliografie; detaillierte bibliografische Daten sind im Internet über http://dnb.d-nb.de abrufbar.

ISBN 978-3-8487-8670-1 (Print)
ISBN 978-3-7489-3040-2 (ePDF)

1. Auflage 2022

Vorwort

Diese Arbeit hat ihren Anfang zu Beginn des Jahres 2020 genommen, als die COVID-19-Pandemie das Leben, das wir bisher kannten, völlig veränderte. Der (erste) „Lockdown“ zwang zur Einschränkung sozialer Kontakte; wie bei vielen anderen, nahm auch bei mir – unterbewusst wohl als Ersatzhandlung – die Nutzung Sozialer Netzwerke zu. Hierbei sollte ich unweigerlich auf ein Thema stoßen, welches mich bis heute nicht losgelassen hat: Auf die Vielzahl von Accounts, in denen Kinder eine meist tragende Rolle spielen.

Zugegebenermaßen, war ich durch den Forschungsbereich meiner in Entstehung befindlichen Dissertation, die Kinderrechte und das Verfassungsrecht, in gewisser Weise „vorbelastet“. Ich realisierte schnell, dass es sich beim Auftauchen von Kindern im Influencer-Marketing nicht nur um ein akademisch interessantes, weil noch weithin unbeackertes Feld handelt, sondern sich hier der Umgang unserer Gesellschaft mit Kindern in höchst aktueller wie praktischer Weise zeigt.

Wegen dieser akademischen Disposition gilt mein erster, ganz besonderer Dank auch dem Betreuer meiner Promotion, Herrn Professor Dr. Stefan Huster, der mich ermutigt hat, überhaupt den Weg in den facettenreichen Bereich der Kinderrechte einzuschlagen. Als seine wissenschaftliche Mitarbeiterin erhalte ich Freiräume für eigene wissenschaftliche Projekte neben der Dissertation, die weit über das übliche Maß hinausgehen – dies ist ein Produkt davon.

Daneben haben viele Menschen die Entstehung dieses Buches begleitet. Sie haben mich immer wieder auf neue Facetten aufmerksam gemacht und mich darin bestärkt, dass es sich um ein Thema handelt, welches juristisch wie politisch angegangen werden muss. Euch allen herzlichen Dank dafür! Aufgrund des beschränkten Raums möchte ich an dieser Stelle (nur) fünf Personen ausdrücklich hervorheben:

Meine Mutter, der ich für quasi alles zu danken habe. Meine Kollegin Lara Wiese, die mich gerade in den letzten Monaten stetig motiviert hat, wenn es schwierig wurde. Stud. iur. Sarah Rijo Langenegger, für das sachkundige Lektorieren und die hilfreichen Anmerkungen. Meine Freundin Indra Paas, für die Unterstützung und die hilfreichen Anmerkungen aus dem Blickwinkel der Kinder- und Jugendhilfe.

Und insbesondere Hendrik Dörr – für alles, aber hier im Speziellen das unermüdliche (aus der Sicht eines Laien auf juristische Texte aber wohl öfter: ermüdende) Gegenlesen. Selbiges soll dazu beigetragen haben, dass dieses Buch, wie ich hoffe, nicht nur bei Jurist*innen, sondern auch bei Angehörigen anderer Professionen zu einer stärkeren Sensibilisierung für die mit dem Stattfinden von Kindern in der digitalen Welt verbundenen Problematiken führen kann.

Bochum, im September 2021 *Miriam Lemmert*

Inhaltsverzeichnis

A. Einleitung

1989, in dem Jahr der Verabschiedung der UN-Kinderrechtskonvention (UN-KRK), gab es eine buchstäblich weltverändernde Erfindung. So wertvoll man das Bekenntnis zu unveräußerlichen Rechten selbst des noch nicht ausgereiften Menschen auch einschätzen mag – diese Erfindung hat die menschlich beherrschte Welt wohl ähnlich stark verändert wie die Entdeckung und Nutzbarmachung elektrischen Stroms im 19. Jahrhundert. Unsere heutige Welt wurde durch sie in ihrem Ganzen so erst ermöglicht. Die Rede ist von der Grundlage des Internets, wie wir es heute kennen: dem World Wide Web.[1]

Dieses bietet unzählige Chancen auf allen Ebenen, genannt seien nur beispielhaft Wirtschaft, Wissenschaft, sozialer Austausch, Bildung und Kreativität. Gleichzeitig birgt es aber auch Risiken, die sich aus der Eigenschaft des*der Nutzer*in als (passive*r) Adressat*in von bestimmten Inhalten – vergleichbar mit sonstigen, „althergebrachten" Medien wie Zeitungen und Filme –, aber auch als Urheber*in bzw. Darsteller*in ergeben können.[2]

Dieser aktive Part, die Urhebereigenschaft wurde seit der Erfindung der Social Media[3], zunehmend relevanter. Seit dem Jahr 2002, in dem das erste große soziale Netzwerk *Friendster* gegründet (und schon 2004 von *MySpace* abgelöst) worden war, gab es die Möglichkeit, sich mit (neuen) Freunden zu vernetzen und sich und sein Leben mit geringem Aufwand in der Öffentlichkeit darzustellen. 2004, in dem Geburtsjahr von *Facebook*, begann der Boom – immer neue Netzwerke mit immer neuen Funktionen

---

1 GEO Chronik Nr. 3 – Die 100 genialsten Erfindungen, 30 Jahre World Wide Web, Warum Tim Berners-Lee seine großartige Erfindung einfach so hergab, https://www.geo.de/wissen/21051-rtkl-30-jahre-world-wide-web-warum-tim-berners-lee-seine-grossartige-erfindung-einfach (zuletzt geprüft am 22.7.2021).

2 Lediglich aus Gründen der vereinfachten Lesbarkeit, und sofern es der Gesetzestext nicht anders vorgibt, wird im Folgenden abwechselnd jeweils nur die männliche oder weibliche Form verwendet. Selbstverständlich sind alle Geschlechter bzw. Geschlechtsidentitäten angesprochen.

3 Zu dem Begriff s. B.I.

strebten auf den Markt, besonders prominent wohl *YouTube* 2005, *Instagram* 2010, *Snapchat* 2011, jüngst *TikTok* 2018.[4]

Diese technische Entwicklung nahm Einfluss auf das menschliche Zusammenleben – ein Teil des sozialen Lebens verlagerte sich in das Internet. Abgesehen von dem Hochladen privater Fotographien zur Ansicht für Freunde und Familie ergab sich auch die Möglichkeit, mit neuen Menschen in Kontakt zu treten bzw. gesellschaftlich teilzuhaben, ohne das heimische Sofa verlassen zu müssen. Aus letzterem entwickelte sich das, was heute unter dem Begriff „Influencer-Marketing" bekannt ist: die Aussicht, als Person mit Inhalten, die für einen größeren Kreis von Menschen von Interesse sind, eine Form von Berühmtheit zu erlangen, die es ermöglicht, zum Beispiel durch eigene Empfehlungen Einfluss auf die „Zuschauer" zu nehmen und so für Unternehmen als Werbeträgerin interessant zu werden, sodass im Ergebnis zumindest ein Teil des Lebensunterhalts hieraus bestritten werden kann. Natürlich ließen sich Menschen schon immer von Persönlichkeiten beeinflussen, zu denen sie eine positive Grundhaltung haben – früher waren dies neben Monarchen insbesondere aufgrund gewisser Fähigkeiten oder Eigenschaften prominente Personen.[5] Durch die Etablierung des Internets ergibt sich die Möglichkeit, diesen Status auch als „Mensch wie du und ich" zu erlangen. Man kann Influencerinnen also einerseits als Personifizierung des sich aus der Digitalisierung ergebenden Teilhabeaspekts bezeichnen, andererseits als wohl den Berufszweig, der unter den durch das Internet erst ermöglichten am meisten heraussticht.

Der Befund, dass unsere Gesellschaft immer digitalisierter wird, macht auch vor Kindern nicht Halt. Sie sind Teil dieser Gesellschaft – und damit im Internet vertreten. Hiermit verbunden sind Chancen für die kreative Entwicklung und die Bildung[6], aber auch Risiken, insbesondere verbunden mit dem oft gehörten Dogma von „nur ein Klick entfernt".[7] Schließlich können Kinder schon im „echten Leben" Gefahren oft noch nicht richtig einschätzen und sind deshalb auf Unterstützung und Anleitung

4 Zur Geschichte s. *Pein*, Die Geschichte des Social Networks, https://der-socialmediamanager.de/die-geschichte-der-social-networks/ (zuletzt geprüft am 15.2.2021).

5 Hierzu etwa *N.N.*, Diese Frau war die erste Influencerin der Welt, https://www.tagesspiegel.de/wirtschaft/schon-vor-100-jahren-diese-frau-war-die-erste-influencerin-der-welt/25690870.html (zuletzt geprüft am 15.2.2021).

6 Erinnert sei etwa an Enzyklopädien, YouTube-Videos zum Mathematikunterricht etc.

7 So auch *Brost*, Das Persönlichkeitsrecht von Minderjährigen, S. 116: „Diese [soziale Netzwerke, M.L.] begründen große Entfaltungschancen für Minderjährige, die jedoch mit erhöhten Gefahren für deren Persönlichkeitsrechte korrespondieren."

ihrer Eltern angewiesen – dies gilt umso mehr in dem abstrakten Raum „Internet".

In Anbetracht der zunehmenden Zahl von Bildnissen Minderjähriger in sozialen Netzwerken stellt sich ferner die Frage nach dem *originär elterlichen* Umgang mit drohenden Gefahren insbesondere für das Persönlichkeitsrecht des Kindes. So stellt auch der Gefährdungsatlas der Bundesprüfstelle für jugendgefährdende Medien fest: *„Die Grenzziehung zwischen Unterstützung der kindlichen Social-Media-Aktivitäten auf der einen Seite und Verletzung der kindlichen Persönlichkeitsrechte aus einer wirtschaftlichen Intention der Eltern auf der anderen Seite ist hier eine besondere Herausforderung."*[8]

Das Auftauchen von Kindern in sozialen Medien wurde, soweit ersichtlich, erstmals 2018 durch einen Fachtag von dem Deutschem Kinderhilfswerk (DKHW) und der Kommission für Jugendmedienschutz (KJM)[9] adressiert. Es folgten die Facebook-Kampagne des DKHW „ErstDenkenDannPosten"[10], ein Schwerpunkt des NDR[11] und nicht zuletzt die Kampagne „#DeinKindAuchNicht"[12] sowie die noch laufende Petition „#DigitaleKinderarbeit braucht Regeln"[13].

Der Beginn der Corona-Pandemie Anfang 2020 trug, wohl angesichts der angezeigten physisch-sozialen Isolation und der verstärkten Beschäftigung mit den sozialen Netzwerken, dazu bei, das Phänomen einer breiteren Öffentlichkeit aufzuzeigen: Um das in popkulturellen Sphären wohl prominenteste Beispiel zu nennen, zeigte der im Entertainment-Bereich bekannte wie umstrittene *Oliver Pocher* schon früh ein reges Interesse am Umgang der Influencer mit der zuvor nie dagewesenen Situation. Sein Ende März gepostetes Video kann als Startschuss einer in den sozialen Medien und von *Marco Schreyl* in seiner gleichnamigen Talkshow auf RTL aufgegriffenen und ebenso schnell hochkochenden wie wieder abflauenden Diskussion um das Auftauchen von Kindern sowohl auf eigens für

8 Bundesprüfstelle für jugendgefährdende Medien, Gefährdungsatlas (2019), S. 114.

9 DKHW/KJM, Veranstaltungsbericht Fachtag „Zwischen Spielzeug, Kamera und YouTube – Kinder und Influencing in sozialen Medien".

10 Hierzu s. https://www.dkhw.de/schwerpunkte/medienkompetenz/tipps-fuer-den-umgang-mit-kinderfotos-in-der-digitalen-welt/interview-zur-kampagne-erstdenkendannposten/ (zuletzt geprüft am 20.2.2021).

11 Ursprünglich abrufbar unter https://www.ndr.de/kultur/Jugendliche-und-die-Faszination-von-Instagram-und-Co,apps240.html, jetzt nicht mehr verfügbar (zuletzt geprüft 1.3.2021).

12 https://deinkindauchnicht.org/ (zuletzt geprüft am 15.2.2021).

13 https://www.change.org/p/bundesministerium-f%C3%BCr-justiz-und-verbraucherschutz-digitale-kinderarbeit-braucht-regeln (zuletzt geprüft am 15.2.2021).

diese eingerichteten Social Media-Kanälen als auch auf denen der Eltern betrachtet werden. Mittlerweile wird das Phänomen immer öfter diskutiert; im Juni 2021 erregte insbesondere die YouTuberin *Alicia Joe* mit ihrem Video „Kinderinfluencer: Zu jung, zu fame, zu freizügig?“[14] große Aufmerksamkeit (845.310 Aufrufe Stand 22.7.2021).

Bei erwähntem Video von *Pocher* stand neben dem Persönlichkeitsrecht des Kindes vor allem die Sorge um die Schaffung einer Vorlage für Pädophile im Vordergrund – dies erscheint angesichts mancher Posen, entblößter Haut, sowie der mit den Postings teilweise verbundenen, eine Kontaktaufnahme erleichternden Entblößung persönlicher Lebensumstände des Kindes auch verständlich. Später trat jedoch am Beispiel der Influencer-Familie Harrison[15] ein weiterer Aspekt hinzu: Die Vermarktung des eigenen Kindes.

Im Zusammenhang mit minderjährigen „Darstellern“ auf Influencer-Kanälen verschmelzen so zwei hochgradig grundrechtsrelevante Problemkomplexe, die für eine gesunde kindliche Entwicklung von großer Bedeutung sein können:

Erstens das Feld des **Rechts am eigenen Bild bzw. des Persönlichkeitsrechtsschutzes im engeren Sinne**. Die quantitativ wohl wesentlich häufiger vorkommende Konstellation, dass Eltern ohne jeglichen kommerziellen Hintergrund zum Beispiel Fotos ihrer Kinder aus dem letzten Urlaub auf Plattformen teilen (sog. *Sharenting*[16]), wird in der folgenden Arbeit als Randaspekt Erwähnung finden.[17]

Zweitens der Bereich des **Kinder- und Jugendarbeitsschutzes.** Es stellt sich angesichts der mittelbaren oder unmittelbaren wirtschaftlichen Verwertung von persönlichkeitsrechtsrelevanten Aspekten die Frage nach der Einordnung der Tätigkeit des Kindes – handelt es sich lediglich um ein

---

14 https://www.youtube.com/watch?v=bK055_gAXdg (zuletzt geprüft am 22.7.2021).

15 https://www.instagram.com/team.harrison.official/?hl=de (zuletzt geprüft am 15.2.2021) als gemeinsamer Account; Links zu den Einzelaccounts für Mutter und Vater sind auf diesem Account hinterlegt, der eigene Account der Tochter wurde – wohl aufgrund von öffentlicher Kritik – im März 2020 gelöscht.

16 Zu dem Begriff s. B.I.

17 Genauer: Als Randaspekt, aber zugleich Basis. Denn bei der behandelten Problematik der Vermarktung des Kindes im Influencer-Marketing handelt es sich i.E. um eine hochkonzentrierte Spezialform des *Sharenting*: „The phenomenon is more complex when parents profit from the child-centric content they post, turning digital content into real-world income at the expense of their children's privacy", *O'Neill*, Influencing the Future, Stanford Law Review Online Dec. 2019, 42.

Hobby oder doch schon um Arbeit? Und wenn es sich um Arbeit handelt: Erfolgt eine Regulation?

Wird einerseits seit geraumer Zeit diskutiert, ein explizites Kindergrundrecht in die deutsche Verfassung aufzunehmen, weil das Kind bisher nur als Objekt elterlicher Erziehung explizit im Grundgesetz auftauche,[18] wird andererseits das Kind als Subjekt eines eigenen Accounts oder Objekt eines elterlichen Accounts, funktionalisiert als sog. *Unique Selling Point*[19], als „modisches Accessoire" oder Vorzeigeobjekt[20] bisher kaum adressiert. Aufmerksamkeit erhält das Kind fast ausschließlich als Adressat von Influencer-Marketing[21], nicht als Produzentin oder Darstellerin.

Mit diesem wirtschaftlichen Aspekt des Auftauchens von Kindern in den sozialen Netzwerken unmittelbar befassten sich in der deutschen Rechtswissenschaft bisher nur *Carolin Felicitas Alberts*[22], *Isabell Götz*[23], *Marie Herberger*[24], *Anna Schimke*[25] und *Cornelia Holsten*; letztere forderte explizit ein Einschreiten in die „Über-Kommerzialisierung der Kindheit", indem Influencer-Eltern „mindestens eine kluge Hilfestellung bekommen"[26], wobei sich diese Forderung im Wesentlichen auf Unter-Dreijährige bezog. *Jörg Fritzsche* und *Jonas Knapp* behandelten diese Konstellation der kommerziellen Interessen nur am Rande, nämlich als Ausnahmefall von ihrer These der Sozialadäquanz des Teilens von Kinderfotos auf privaten Social Media-Accounts.[27] Der Aspekt des Kinder- und Jugendarbeitsschutzes hat in der rechtswissenschaftlichen Literatur bisher nur marginal

18 Anstelle vieler: Deutscher Bundestag, Plenarprotokoll 17/152, S. 18238; Aktionsbündnis Kinderrechte nach Wissenschaftlicher Dienst des Deutschen Bundestags, WD 3 – 3000 – 294/14, S. 9.

19 Hierzu sehr instruktiv *Weber*, Kinder sind ihr USP, https://www.zeit.de/arbeit/2019-12/instagram-influencer-muetter-baby-geschaeftsmodell-follower (zuletzt geprüft am 15.2.2021).

20 *Filgueiras*, ZD 2016, 227.

21 Zum Beispiel bei *Leeb/Maisch*, ZUM 2019, 29 (37); *Troge*, GRUR-Prax 2018, 87 (88).

22 *Alberts*, Die rechtliche Bewertung der Tätigkeit von Influencern, S. 271 ff.

23 *Götz*, FamRZ 2019, 573.

24 *Herberger*, juris Monatszeitschrift 2020 (12), 442.

25 *Schimke*, NZFam 2019, 851.

26 *Holsten*, epd medien 2020, 3 (4).

27 Die Sozialadäquanz schließe (im Regelfall) eine wegen §§ 1626, 1627, 1629, 1795 BGB eigentlich notwendige Bestellung eines Ergänzungspflegers zur Erteilung einer Einwilligung in die Bildveröffentlichung aus, *Fritzsche/Knapp*, FamRZ 2019, 1905 (1908).

Niederschlag gefunden[28]; eine systematische Aufarbeitung, insbesondere auch unter Berücksichtigung der unterschiedlichen Formen des Auftretens im Internet, existiert noch nicht.

Die folgende Arbeit hat sich zum Ziel gesetzt, diese Lücke zu schließen. So werden zunächst die Grundlagen des Influencer-Marketings allgemein und unter Beteiligung von Kindern erläutert (B.). Anschließend werden die hierdurch betroffenen Rechtsgüter des Kindes ermittelt (C.), um dann die derzeitige Regelungslage in Deutschland zu analysieren (D.). Nachdem die hierbei gefunden Ergebnisse zusammengefasst wurden (E.), soll gegen Ende ein rechtsvergleichender Blick nach Portugal und Frankreich erfolgen (F.), da dort die Themen *Sharenting* und *Kinder im Influencer-Marketing* durch eine Gerichtsentscheidung und ein neu geschaffenes Gesetz stärker auch im Fokus des Rechts stehen. Am Schluss sollen aufgrund der zuvor erlangten Erkenntnisse Handlungsempfehlungen formuliert werden (G.). Literatur und Rechtsprechung konnten bis September 2021 berücksichtigt werden.

---

28 Lediglich bei: *Alberts*, Die rechtliche Bewertung der Tätigkeit von Influencern, S. 294 ff.; *Herberger*, juris Monatszeitschrift 2020 (12), 442; *Polster*, JMS-Report 2/2021, 2 (4); *Schimke*, NZFam 2019, 851 (856 f.).

B. Der Hintergrund: Soziale Netzwerke und Influencer-Marketing

Im Folgenden soll zunächst in die für das Verständnis der Problematik unabdingbaren Grundbegriffe im Zusammenhang mit Influencer-Marketing im Allgemeinen und unter Mitwirkung von Kindern eingeführt werden.

I. Soziale Medien und Netzwerke

Der Begriff der **Social Media** (von engl. social media, aus social = sozial, gemeinschaftlich und media = Medien) findet sich seit 2013[29] im Duden und bezeichnet (als Oberbegriff) die Gesamtheit der Technologien, über die Nutzerinnen und Nutzer miteinander kommunizieren und Inhalte austauschen können[30] – also auch Kollektivprojekte wie Wikipedia, Blogs und Content Communities wie YouTube, bei denen Mitteilung und Inhalt im Vordergrund stehen. Der Begriff des **Social Network** (von engl. social network, aus social = sozial, gemeinschaftlich und network = Netzwerk) hingegen ist enger und beschreibt ein Internet-Portal, das Kontakte zwischen Menschen vermitteln und die Pflege von persönlichen Beziehungen über ein entsprechendes Netzwerk ermöglicht[31]. Diese Verbindungsfunktion wird bspw. bei Facebook, Instagram und MySpace in den Vordergrund gestellt.

Das Bestehen eines Kontaktes zwischen Personen wird hier u.a. mit dem Begriff des **Followers** bzw. der Followerin beschrieben; diese/r ist

29 Dies ist insofern interessant, als sich die Duden-Redaktion selbst zum Auftrag gemacht hat, die Entwicklungen des Wortschatzes der Gegenwartssprache nachzuvollziehen und abzubilden sowie Sicherheit im Umgang insbesondere mit Neologismen zu bieten, vgl. https://www.duden.de/presse/5-000-Woerter-staerker-Der-neue-Duden-ist-da (zuletzt geprüft am 15.2.2021). Die Aufnahme in den Duden kann damit als Indiz dafür betrachtet werden, welchen Stellenwert eine Entwicklung in Technik, Politik etc. für die Bevölkerung und den Austausch darüber hat.

30 Duden, Social Media, https://www.duden.de/rechtschreibung/Social_Media (zuletzt geprüft am 15.2.2021).

31 Duden, Social Network, https://www.duden.de/rechtschreibung/Social_Network (zuletzt geprüft am 15.2.2021).

regelmäßiger Empfänger von Nachrichten und geteilten Inhalten einer bestimmten Person, Institution o.Ä.[32]

II. Allgemeines zum Influencer-Marketing

Der **Influencer** bzw. die Influencerin (von engl. influencer, to influence = beeinflussen), seit 2020 neu im Duden und mit dem Synonym des Vorreiters bzw. der Vorreiterin versehen, ist eine Person, die in sozialen Netzwerken besonders bekannt bzw. einflussreich ist und bestimmte Werbebotschaften, Auffassungen etc. vermittelt[33]. Die Erstellung von Inhalten wird als **Content Creation**[34] bezeichnet.

Kooperationspartner[35] nutzen beim **Influencer-Marketing** die Reputation dieser reichweitenstarken Meinungsmacher, um Kommunikations- und Werbeziele, in der Regel bei dem Verkauf von Produkten und Dienstleistungen, neuerdings aber auch im Rahmen des Standortmarketings[36], zu erreichen. Hierfür machen Influencerinnen eine Marke oder ein Produkt zum Gegenstand ihrer Beiträge, kreieren passende Inhalte zu den präsentierten Marken und sprechen Empfehlungen an ihre Zielgruppe aus. Eine inhaltliche Kontrolle durch die werbetreibenden Unternehmen erfolgt in der Regel in Form von Vorschlägen oder einer Validierung vor der Veröffentlichung.

Die Zielgruppe ist häufig sehr jung; Werbung in den herkömmlichen Medien richtet sich oft nur noch an die älteren Generationen[37], während

32 Duden, Follower, https://www.duden.de/rechtschreibung/Follower (zuletzt geprüft am 15.2.2021).

33 Duden, Influencer, https://www.duden.de/rechtschreibung/Influencer (zuletzt geprüft am 15.2.2021).

34 Von engl. content = Inhalt sowie creation = Erstellung, Herstellung.

35 Hierbei handelt es sich i.E. um Unternehmen, die Influencern den Auftrag geben, für eines ihrer Produkte oder ihrer Dienstleistungen zu werben – also Auftraggeber oder Besteller.

36 Dubai bietet bei Beantragung der pflichtigen Influencer-Lizenz und Unterwerfung u.a. unter die Verpflichtung, stehts ein „positives Image" Dubais zu transportieren, diverse (geldwerte) Vorteile und geringe Steuern, s. *Jungblut*, „I like it": So entlarvt Böhmermann den Influencer-Hotspot Dubai, https://www.br.de/nachrichten/kultur/i-like-it-so-entlarvt-boehmermann-den-influencer-hotspot-dubai,SOndV8L (zuletzt geprüft am 1.3.2021).

37 So auch *Götz*, FamRZ 2019, 573 (574) mit Verweis auf Gelenkschmerzsalben, Haftcreme, Treppenlift usw.

die *Digital Natives*[38] vornehmlich über neue Medien zu erreichen sind und u.a. YouTuber für sie als neue Stars gelten[39]. Ziel ist es, auf Grundlage des Vertrauens der jeweiligen Zielgruppe zu den Influencern positiven Einfluss auf Bewertung und Beurteilung von Wertigkeit und Glaubwürdigkeit einer Marke bzw. eines Produkts auszuüben. Im Rahmen dieser Kooperationen bekommen die Influencer ein Honorar, welches sich zum Beispiel nach TKP (Tausender-Kontakt[40]-Preis) berechnet[41], oder werden über sog. Affiliate Links[42] an den Onlineumsätzen beteiligt.[43] Die Kompensation kann aber auch durch Sachleistungen, insbesondere die kostenfreie Zurverfügungstellung von Produkten erfolgen.

Wie sehen die Social Network-Auftritte der Influencer aus und woraus genau resultiert ihr Einflussreichtum?

Im Vergleich mit traditionellen Printmedien handelt es sich zunächst um eine technisch einfachere und in der Regel inhaltlich weniger anspruchsvolle Kommunikationsform, die in besonders kurzen Zeitintervallen neue Inhalte produziert, um attraktiv zu bleiben.[44] Freilich setzt dies den Content Creator in gewisser Weise unter Druck; die daraus folgende, oft tägliche Produktion widerlegt auch die Annahme, die Tätigkeit als Influencerin sei keine „richtige“ Arbeit.

Charakteristisch ist ein hoher Bild- bzw. Videoanteil mit oft narzisstischer Selbstdarstellung[45], der im Zusammenhang mit in Länge und inhalt-

---

38 Duden, Digital Native, https://www.duden.de/rechtschreibung/Digital_Native (zuletzt geprüft am 15.2.2021): „Person, die mit digitalen Technologien aufgewachsen ist und in ihrer Benutzung geübt ist“.

39 *Goerdeler*, YouTuber*innen – die Popstars von heute als Vorbilder für viele Kinder und Jugendliche, https://www.gutes-aufwachsen-mit-medien.de/informieren/article.cfm/key.3455/aus.2 (zuletzt geprüft am 15.2.2021).

40 Damit gemeint sein können sowohl Interaktionen wie „Likes“ als auch bloße Ansichten bzw. Besuche.

41 *Götz*, FamRZ 2019, 573 (574) spricht insofern auch von einer „Monetarisierung der Reichweite“.

42 Dies sind Links, also Weiterleitungen, von der Website des Influencers auf die der Marke bzw. des Produkts, über die technisch nachvollziehbar ist, wie die (potenziellen) Kunden auf die Marke bzw. das Produkt aufmerksam geworden sind.

43 die medienanstalten, Glossar – Influencer Marketing, https://www.die-medienanstalten.de/service/glossar/ausdruck/influencer-marketing/ (zuletzt geprüft am 15.2.2021).

44 *Ahrens*, GRUR 2018, 1211 (1211 f.).

45 *Ahrens*, GRUR 2018, 1211 (1212). Dass es durchaus Influencer gibt, die ihren Einfluss nicht zur Gewinnerzielung nutzen, sondern sich für einen guten Zweck einsetzen – z.B. im Bereich der Nachhaltigkeit, sog. „Sinnfluencer“ – soll hier

lichem Anspruch zwar variierenden, aber in aller Regel die Follower direkt ansprechenden Texten präsentiert wird und das private Leben weitgehend öffentlich macht. Wie auch Generalanwalt am EuGH *Bobek* bemerkte: „*[Es gibt] heutzutage ganze Berufszweige, die die Grenze zwischen privaten und beruflichen Verbindungen in der Internet-Kommunikation, insb. in sozialen Netzwerken, verwischen. Einige Nutzungen könnten als privat erscheinen, sind aber in vollem Umfang kommerzieller Natur.*“[46] Dies resultiert in der bereits erwähnten, wirtschaftlich relevanten Stärke der Influencer, die sich von Kooperationspartnerinnen zunutze gemacht wird: der gesteigerten Glaubwürdigkeit.

Diese basiert auf einem kreierten, (bloß) empfundenen, persönlichen, freundschaftsähnlichen Näheverhältnis zu einer „Person wie du und ich“, die bestenfalls auch auf Kommentare ihrer Fans unter ihren Postings[47] reagiert und daher niedrigschwellig erreichbar scheint. Junge Menschen sind nicht nur aufgrund ihrer Mediennutzungsgewohnheiten Zielgruppe, sondern auch besonders empfänglich für diese Art des Marketings: Sie bauen schneller eine Beziehung auf und können die werblichen Hintergründe von „Empfehlungen“ oft nicht einordnen oder erkennen.[48] Influencer-Marketing lässt die Grenzen zwischen Freund und prominentem Vorbild ohnehin verschwimmen. Zusätzlich verstärkt wird dies bei einer aufgrund des (jugendlichen) Alters vergleichbaren Lebenslage, etwa wenn eine Dreizehnjährige einer vierzehnjährigen Modebloggerin folgt. Die Bundesprüfstelle für jugendgefährdende Medien stellt in ihrem Gefährdungsatlas fest: „[...] *Influencer [sind] neben Freunden und Online-Bewertungen die glaubwürdigste Quelle für Kaufentscheidungen*“[49]. Die Bundesregierung erkennt in ihrem Entwurf zur Novellierung u.a. des TMG, dass deren Wirken „zuneh-

---

nicht unter den Teppich gekehrt werden. Diese sind aber (noch) deutlich in der Unterzahl; insbesondere im Bereich der kinderbasierten Inhalte sind der Autorin solche Accounts zumindest nicht bekannt. Sofern es solche gibt, treffen die im Folgenden zu erlangenden Erkenntnisse auf diese ggf. nicht oder nur teilweise (insbesondere hinsichtlich des Persönlichkeitsrechts) zu.

46 Generalanwalt *Bobek*, Schlussanträge v. 14.11.2017 – C 498/16 (Schrems), Rn. 49.

47 Duden, Posting, https://www.duden.de/rechtschreibung/Posting (zuletzt geprüft am 15.2.2021).: „Schriftlicher Beitrag (Frage, Antwort, Kommentar) in einem Internetforum, Weblog o.Ä.“. Es handelt sich also um den gebräuchlichen Fachausdruck für geteilte Inhalte.

48 Vgl. die Studien LfM NRW/BMFSJ, Kinder und Onlinewerbung und DKHW, Kinder.Bilder.Rechte, S. 78. Zudem auch *Götz*, FamRZ 2019, 573 (574 m.w.N.).

49 Bundesprüfstelle für jugendgefährdende Medien, Gefährdungsatlas (2019), S. 113.

mend größeren Einfluss auf die Meinungsbildung und das Konsumverhalten insb. jüngerer Menschen hat"[50].

Die Herstellung dieser Beziehung bedarf aber Zeit und auch „ausschließlich privater", quasi-redaktioneller[51] Postings ohne Markennennung, wenn der Influencer sich nicht wegen einer zu offensichtlichen (Erwerbs-) Strategie der Kritik[52] aussetzen will. Mit dieser Erkenntnis dürfte auch die neue Praxis der Gewerbeaufsicht in dem Fall des im späteren Verlauf noch häufiger angeführten Influencer-Kanals *MileysWelt* zusammenhängen, die seit Anfang 2020 auch Videos ohne werblichen Inhalt zur Arbeitszeit des Kindes rechnet[53].

Ferner stellt der BGH in seinem Urteil zur Influencer-Kommunikation Cathy Hummels' fest: *„Dass im Rahmen des Instagram-Profils auch* vordergründig *private Beiträge veröffentlicht werden wie derjenige in der Anlage K 8, in dem die Beklagte mit ihrem Kind und einem Plüschelefanten von S. abgebildet ist und in dem sie mitteilt: "Sorry – Mama is Not available today because I am having a play date", ändert nichts am* geschäftlichen Charakter der Veröffentlichung sämtlicher Beiträge. *Ein Unternehmer, der private Äußerungen nutzt, um den Wettbewerb seines Unternehmens zu fördern, gibt diesen eine geschäftliche Wendung* […] *Das ist bei unternehmerisch tätigen Influencern hinsichtlich ihrer scheinbar privaten Beiträge der Fall* […] *Gerade die Öffnung des privaten Lebensbereichs macht es für das Publikum attraktiv, Influencern zu folgen, da diese so glaubwürdiger, nahbarer und sympathischer wirken* […]"[54].

Durch die beschriebene, den Reiz der Influencerinnen als Werbeträger gerade ausmachende, fast unauflösliche Vermischung der privaten und öffentlichen Sphäre lässt sich auch erklären, warum Teile der Rechtsprechung ohne Differenzierung zwischen einzelnen Postings und ihren jeweiligen Inhalten stets eine nach § 5a Abs. 6 UWG bzw. § 6 Abs. 1

---

50 Entwurf eines Gesetzes zur Änderung des Telemediengesetzes und weiterer Gesetze, BT-Drs. 19/18789, S. 34.

51 Dieser Begriff ist angelehnt an den des redaktionellen Inhalts, also eines journalistischen Beitrags, der Informationen, Unterhaltung oder Meinung vermittelt, und zu Werbetexten abzugrenzen ist. Er berücksichtigt jedoch die in aller Regel nicht an journalistische Qualität heranreichenden Eigenarten von Postings in sozialen Netzwerken.

52 Als Beispiel hierfür: Sarah Lombardi postet Werbung auf Instagram – Fans reagieren empört!, https://www.derwesten.de/panorama/sarah-lombardi-postet-werbung-auf-instagram-fans-reagieren-empoert-id209243283.html (zuletzt geprüft am 15.2.2021).

53 Dies erklärte ihr Vater im Video „Wo ist Miley geblieben ???", https://www.youtube.com/watch?v=BhCZYLHH-10 (zuletzt geprüft am 15.2.2021).

54 BGH I ZR 126/20, juris-Rn. 34; Hervorhebungen der Autorin.

Nr. 1 TMG[55] zu kennzeichnende Werbung annehmen, da auch bei quasi-redaktionellen Inhalten zumindest die eigene Person und ihr Image wirtschaftlich gefördert werden[56]. Gegen diese lauterkeitsrechtliche Beurteilung wendet sich das am 10.6.2021 durch den Bundestag beschlossene und 2022 in Kraft tretende „Gesetz zur Stärkung des Verbraucherschutzes im Wettbewerbs- und Gewerberecht", nach dessen § 5a Abs. 4 UWG (neu) nur noch Postings mit Gegenleistung als Werbung gekennzeichnet werden müssen[57]. Auch die Diskussion um die Impressumspflicht nach § 5 TMG steht in diesem Kontext.[58]

III. Formen des Auftritts von Kindern

Der Auftritt von Kindern im Influencer-Marketing erfolgt in unterschiedlichen Formen, die im Folgenden dargestellt werden.

Zunächst bedarf es aber einer Definition des Arbeitsbegriffs „Kind". Gemeint ist hier – sofern sich aus dem Zusammenhang nichts anderes

---

55 Zum Vorrang des § 6 Abs. 1 Nr. 1 TMG wegen Spezialität BGH I ZR 126/20, juris-Rn. 85 ff.

56 Siehe hierzu *Ahrens*, GRUR 2018, 1211 und GRUR 2018, 1218 m.w.N. Die Diskussion ebenfalls zusammenfassend und die genannten Argumente grds. anerkennend, aber zu einem anderen Ergebnis kommend BGH I ZR 90/20, I ZR 125/20 und I ZR 126/20. Zwar sei für die Annahme einer geschäftlichen Handlung zugunsten eines fremden Unternehmens eine Gegenleistung nicht erforderlich; ein „werblicher Überschuss" des Beitrags sei jedoch nachzuweisen. Die mit scheinbar privaten Beiträgen verbundene Wertsteigerung des Images des eigenen Unternehmens wiederum sei für die Nutzer erkennbar, sodass eine Kennzeichnung entbehrlich sei.

57 Entwurf eines Gesetzes zur Stärkung des Verbraucherschutzes im Wettbewerbs- und Gewerberecht, BT-Drs. 19/27873; beschlossen in Form der Beschlussempfehlung des Ausschusses für Recht und Verbraucherschutz, BT-Drs. 19/30527. Hierzu mit guter Zusammenfassung des bisherigen Gangs der Diskussion *Lutz*, Influencer: Die Sache mit der Werbung), abrufbar unter: https://www.sueddeutsche.de/wirtschaft/influencer-werbung-social-media-pamela-reif-1.5185140 (zuletzt geprüft am 15.2.2021).

58 Hierzu *Lichtnecker*, MMR 2018, 512 (517); *Remmertz*, MMR 2018, 507 (511 m.w.N.); *Willems*, MMR 2018, 707 (708). Hinzuweisen ist insbesondere auf den seit dem 27.11.2020 geltenden, neu eingefügten § 5 Nr. 8 TMG, nach dem audiovisuelle Mediendiensteanbieter (also z.B. YouTuber) verpflichtet sind, zusätzlich ihr Sitzland und die zuständige Regulierungs- und Aufsichtsbehörde zu benennen. Problematisch und novellierungsbedürftig erscheint aus Sicht der Influencer, dass die Anschrift der Niederlassung zu den Pflichtangaben gehört – und diese wird in aller Regel die Privatadresse sein.

ergibt – die Bezeichnung eines bestimmten Lebensabschnitts des Individuums, nicht das Abstammungs- bzw. Verwandtschaftsverhältnis relativ zu den Eltern. Die zeitliche Eingrenzung dieses Lebensabschnitts wird durch das Recht je nach Regelungsmaterie in unterschiedlicher Weise vorgenommen; Bezeichnungen[59] und kompetenzzuweisende Altersgrenzen[60] variieren. Im Kontext dieser Arbeit wird – parallel zur Kindesdefinition des Art. 1 UN-KRK und zur Volljährigkeitsregelung des § 2 BGB – die Vollendung des 18. Lebensjahres als Grenze des Lebensabschnitts „Kindheit" zugrunde gelegt.

Family-Influencer und **Mommy-[61]/Daddy-Influencer** (im Folgenden zusammengefasst: Eltern-Influencer) sind angesichts der häufig erfolgenden Einbindung auch des Partners oder der Partnerin[62] oft nicht scharf abtrennbar. In jedem Fall ist mindestens ein Elternteil[63] Accountinhaber eines Einzelpersonen- oder Familienaccounts und agiert bei den veröffentlichten Inhalten als „Erzähler". Hierbei wird aus dem Alltag als Familie/Mutter/Vater berichtet; das Kind oder die Kinder spielen daher als nicht nur genetisches Bindeglied naturgemäß eine zentrale Rolle. Kinder sind das gemeinsame Thema mit den Followerinnen und nicht selten wird

---

59 So existiert etwa im SGB VIII, JuSchG und im JArbSchG die weitere Abstufung des Jugendlichen und im JGG die des Heranwachsenden. Das SGB VIII kennt zudem die Kategorien des jungen Volljährigen und jungen Erwachsenen (s. § 7 Abs. 1 SGB VIII).

60 Wie etwa § 5 RelKErzG zur Bekenntnisfreiheit ab 14 Jahren, wobei hier freilich weiterhin vom „Kinde" gesprochen wird.

61 Eine eindrucksvolle Analyse von Kinderfotos und darauf bezogenen Kommentaren im Rahmen von Mom-Accounts auf Instagram findet sich bei *Hajok/Wüstefeld*, JMS-Report 2/2020, 2.

62 So z.B. bei Mommy-Influencern, bei denen der Partner zumindest in sog. *Romance Posts* auftaucht, vgl. *Weber*, Kinder sind ihr USP, https://www.zeit.de/arbeit/2019-12/instagram-influencer-muetter-baby-geschaeftsmodell-follower (zuletzt geprüft am 15.2.2021).

63 In aller Regel ist dies die Mutter des Kindes, auch wenn hier – sowohl aus Neutralitätsgründen als auch zugunsten der Entwicklungsoffenheit – nicht auf das Geschlecht des Elternteils abgestellt werden soll. Vgl. hierzu auch *O'Neill*, Influencing the Future, Stanford Law Review Online Dec. 2019, 42 (44, Fn. 12): „This Essay uses the term "mom-influencer" to indicate a social-media user who earns money posting content about her children. An "influencer" is not necessarily female. However, women throughout history have been particularly entrepreneurial in finding ways to work from or close to home [...] In the digital age, becoming a social-media influencer and even using child-centric content for influencer marketing may be a natural extension of this entrepreneurial spirit. There is little data about who works as a social-media influencer, but the trend appears to be female-driven."

das gesamte Aufwachsen für diese erlebbar gemacht. Hierdurch wird eine (emotionale) Identifikation ermöglicht und so eine innere Bindung zu der Familie aufgebaut. Es kommt häufig zu einem regen Austausch zwischen den beiden Parteien, Follower fragen auch nach Erfahrungen und Tipps – für zum Beispiel Windeln, Kinderwägen oder auch Ausflüge und Urlaubsziele. Hier setzen Unternehmen als Kooperationspartner an. Das Kind ist damit für die Eltern das ***Unique Selling Point***, einzigartiger Verkaufsanreiz bzw. Alleinstellungsmerkmal[64]. Dies lässt sich neben der Tatsache, dass *Statista* mittlerweile eine Statistik über die (follower-basiert) wichtigsten YouTube-Kanäle aus dem Bereich „Mamis, Familien" vorhält,[65] auch an den Interaktions-, insbesondere *Like*[66]-Zahlen der einzelnen Postings ablesen: Zwar können diese, abhängig von Motiv und Zusammenhang, allgemein recht stark variieren, jedoch ist auffällig, dass Fotos, auf denen ein Kind oder mehrere Kinder (mit-)abgebildet sind, um ein Vielfaches mehr Likes erhalten.[67]

Kurz gesagt: Es handelt sich um kommerzielles ***Sharenting***[68]. Die Eltern verdienen Geld durch die Ausübung des Sorgerechts, welche in den Verkauf persönlichkeitsrechtsrelevanter Inhalte des Kindes mündet, in einen „Ausverkauf der Kindheit"[69].

---

64 Vgl. Ryte Wiki, Stichwort Unique Selling Point, https://de.ryte.com/wiki/Unique_Selling_Point (zuletzt geprüft am 15.2.2021); für das Synonym Gabler Wirtschaftslexikon, Stichwort Unique Selling Proposition (USP), https://wirtschaftslexikon.gabler.de/definition/unique-selling-proposition-usp-50075 (zuletzt geprüft am 15.2.2021).

65 Statista, Deutsche YouTube-Kanäle aus dem Bereich "Mamis, Familien" nach der Anzahl der Abonnenten (Stand: 6.10.2021).

66 Duden, Like, https://www.duden.de/rechtschreibung/Like (zuletzt geprüft am 15.2.2021): „Online abgegebene positive Bewertung". Die Symbole hierfür unterscheiden sich; z.B. bei Instagram handelt es sich um ein Herz, bei Facebook um ein „Daumen hoch"-Zeichen, wobei hier mittlerweile auch der Ausdruck anderer Emotionen mittels diverser Symbole möglich ist.

67 Hierzu als Beispiel Jörn Schlönvoigt, https://www.instagram.com/joern_schloenvoigt/?hl=de (zuletzt geprüft am 15.2.2021): 1. Einzelperson, Werbung für *De-Longhi* am 12.3.2020, 5.572 Likes (Stand 17.7.2020); 2. Einzelperson und andere Darsteller, Werbung für *Gute Zeiten Schlechte Zeiten* am 18.3.2020, 10.562 Likes (Stand 17.7.2020); 3. Mit Kind, Werbung für Aktion „Stück zum Glück", 22.831 Likes (Stand 17.07.2020); 4. Mit Kind, Werbung für *Babywelt Hamburg*, 25.810 Likes (Stand 17.7.2020).

68 Gebräuchliches Kompositum aus den englischen Wörtern „share" (teilen) und „parenting" (Kindererziehung), vgl. https://www.collinsdictionary.com/dictionary/english/sharenting.

69 So ein Teil des Titels bei *Götz*, FamRZ 2019, 573.

Die Accountinhaberinnen kennt manch ein Follower bereits aus anderem Zusammenhang, schließlich bieten neben Daily Soaps seit Anfang der 2000er Jahre Casting- und Datingshows im TV, aber auch Social Media selbst viele Möglichkeiten, eine „Person des öffentlichen Lebens“[70] zu werden. Dies reicht von bspw. dem *Gute Zeiten Schlechte Zeiten*-Darsteller Jörn Schlönvoigt[71] über die (mittlerweile nach Dubai ausgewanderte) Familie Harrison[72] rund um die ehemalige Teilnehmerin einer RTL-Dating-Show bis hin zu Bianca Claßen, bekannt von dem damals insbesondere noch auf Kosmetik fokussierten YouTube-Account *Bibis Beautypalace*[73], welche mittlerweile das Familienleben mit Kindern und Influencer-Ehemann zeigt und (gemessen an der Anzahl der Follower) eine der wichtigsten deutschen YouTuberinnen und Instagrammerinnen allgemein bzw. die wichtigste YouTuberin in dem Bereich „Mamis, Familien“ ist[74]. Eine solche Prominenz ist aber nicht zwingend; so gibt es auch Accounts, die von nicht bereits der größeren Öffentlichkeit bekannten Personen[75] betrieben werden, zum Beispiel *Isabeau*[76].

Kidfluencer / Mini-Influencer[77] hingegen betreiben einen eigenen Account oder stehen – zumal angesichts dessen, dass zum Beispiel bei Ins-

---

70 So drücken es auch Facebook und Instagram bei Accounts mit Verifizierungszeichen aus, vgl. https://de-de.facebook.com/help/instagram/398038890351915 (zuletzt geprüft am 15.2.2021).

71 https://www.instagram.com/joern_schloenvoigt/?hl=de (zuletzt geprüft am 15.2.2021).

72 https://www.instagram.com/team.harrison.official/?hl=de (zuletzt geprüft am 15.2.2021) als gemeinsamer Account; Links zu den Einzelaccounts für Mutter und Vater sind auf diesem Account hinterlegt, der eigene Account der Tochter wurde – wohl aufgrund von öffentlicher Kritik – im März 2020 gelöscht. Bzgl. Dubai, s. B.II. (Standortmarketing). Im Ranking von Statista, Deutsche YouTube-Kanäle aus dem Bereich "Mamis, Familien" nach der Anzahl der Abonnenten (Stand: 6.10.2021) belegt der gemeinsame Account den dritten Platz.

73 https://www.youtube.com/channel/UCHfdTAyg5t4mb1G-3rJ6QsQ (zuletzt geprüft am 15.2.2021).

74 Statista, Top 10 der meistabonnierten deutschen YouTube-Kanäle nach der Anzahl der Abonnenten (Stand 6.10.2021); Statista, Ranking der zehn größten deutschen Influencer auf Instagram nach der Anzahl der Follower (Stand: 3.1.2020); Statista, Deutsche YouTube-Kanäle aus dem Bereich "Mamis, Familien" nach der Anzahl der Abonnenten (Stand: 6.10.2021).

75 Überblick z.B. bei https://likeometer.co/deutschland/influencer/familie/ (zuletzt geprüft am 15.2.2021).

76 https://www.instagram.com/isabeau_youtube/; https://www.youtube.com/user/babytimeleona (zuletzt geprüft am 15.2.2021).

77 Der Begriff des Mini Influencers wird uneinheitlich verwendet; einerseits für solche mit geringer Reichweite, andererseits für besonders junge Influencer.

tagram[78] das Mindestalter gemäß den Nutzungsbedingungen bei 13 Jahren[79], bei YouTube bei 16 Jahren[80] liegt – auf dem vorgeblich von den Eltern betriebenen Account im Mittelpunkt. Hier werden produzierte und bearbeitete Inhalte wie Fotos, Videos und Texte geteilt, die vor allem für Gleichaltrige aufgrund vergleichbarer Erfahrungen oder Interessen von Interesse sind. Natürlicherweise spielt auch hier ggf. die Einbindung in die Familie eine gewisse Rolle, im Vordergrund steht aber der Alltag des Kindes. So zum Beispiel der YouTube-Kanal *MileysWelt*[81]: 2018 wurde der Kanal nach eigenen Angaben zum zweiten Mal hintereinander[82] den fünf wichtigsten YouTube-Kanälen Deutschlands zugeordnet.[83]

Der Übergang zwischen Family- und Kinder-Influencerin kann fließend sein – neben der inzwischen elfjährigen Miley wurde zum Beispiel auch die neunjährige Clara alias *Clarielle*[84] bereits im Kleinkindalter gefilmt, sodass von einem (angesichts der kindlichen Entwicklung auch nur untechnisch so zu bezeichnenden) autonomen Beginn der Influencer-Karriere[85] nicht die Rede sein kann. Weitere Beispiele sind der YouTube-Kanal *Alles*

---

78 Allerdings ist derzeit vonseiten des Konzerns *Meta* (ehem. Facebook), zu dem Instagram gehört, wohl eine Plattform für Kinder unter 13 Jahren in Arbeit, s. *Barthels*, Instagram für Kinder? Nein, danke, https://www.tagesspiegel.de/gesellschaft/protest-gegen-plaene-fuer-neue-plattform-instagram-fuer-kinder-nein-danke/27104446.html (zuletzt geprüft am 14.5.2021).

79 https://help.instagram.com/581066165581870 (zuletzt geprüft am 15.7.2020).

80 Bei einer elterlichen Verwaltung des Kontos über *Family Link* bereits ab 13 Jahren, vgl. https://support.google.com/accounts/answer/1350409 (zuletzt geprüft am 15.2.2021).

81 https://www.youtube.com/user/CuteBabyMiley (zuletzt geprüft am 15.2.2021); 931.000 Abonnenten, Stand 15.2.2021; +46.000 seit 16.6.2020.

82 http://mileyswelt.de/index.html (zuletzt geprüft am 15.2.2021).

83 https://www.film.tv/pressemeldungen/2018/youtube-das-sind-deutschlands-erfolgreichste-kanaele-41959.html (zuletzt geprüft am 15.2.2021).

84 https://www.instagram.com/clarielle__/?hl=de, 52.400 Abonnenten, Stand 17.2.2021. Zunächst war sie nur auf den Accounts ihrer Mutter *mamiseelen* (https://www.instagram.com/mamiseelen/?hl=de, 457.000 Abonnenten, Stand 15.2.2021) und ihres Vaters *justus_original* (https://www.instagram.com/justus_original/?hl=de, 124.000 Abonnenten, Stand 15.2.2021) zu sehen; mittlerweile besitzen sie und ihr Bruder *johann_loop* (https://www.instagram.com/johann_loop/?hl=de, 51.300 Abonnenten, Stand 17.2.2021) eigene Accounts mit der Information „Eltern führen den Account". Die beiden jüngeren Geschwister besitzen noch keine eigenen Accounts.

85 Hierdurch zwischen Kidfluencer und Family-Influencern auch unterscheidend *Beckschebe*, Jung und einflussreich, Kinder als Influencer.

Ava[86], *CocoBasics*[87] oder *emiliayoutube*[88], wobei bei den beiden letzteren interessanterweise die Accounts der Mütter[89] im kindlichen Instagram-Account verlinkt sind – diese sind wesentlich follower-schwächer, obwohl auch hier Bilder der Kinder „Mommy-Influencer-entsprechend" gezeigt werden. Welches der Nutzerkonten jeweils, noch dazu in vergleichbarer Weise erfolgreich, seit längerer Zeit existiert, lässt sich nicht erschließen.

---

86 https://www.youtube.com/channel/UCkaUcIDGRYtn0AxUez4wsIQ/featured (zuletzt geprüft am 15.2.2021); 791.000 Abonnenten, Stand 15.2.2021; +94.000 seit 16.6.2020. Platz 4 bei Statista, Deutsche YouTube-Kanäle aus dem Bereich "Mamis, Familien" nach der Anzahl der Abonnenten (Stand: 6.10.2021).

87 https://www.instagram.com/cocobasics/?hl=de (zuletzt geprüft am 15.2.2021); 204.000 Abonnenten, Stand 15.2.2021; +15.000 seit Stand 16.6.2020.

88 https://www.instagram.com/emiliayoutube/?hl=de (zuletzt geprüft am 15.2.2021); 100.000 Abonnenten, Stand 15.2.2021; +6.700 seit 16.6.2020; https://www.youtube.com/channel/UCm94YbAduxchPCiJ0jU-HvQ (zuletzt geprüft am 15.2.2021); 20.600 Abonnenten, Stand 15.2.2021; + 400 seit 16.6.2020.

89 https://www.instagram.com/glamourtash/?hl=de (zuletzt geprüft am 15.2.2021); 26.300 Abonnenten, Stand 15.2.2021, + 2.000 seit 16.6.2020); https://www.instagram.com/emilia.mom/?hl=de (zuletzt geprüft am 15.2.2021); 7.935 Abonnenten, Stand 15.2.2021; +341 seit 16.6.2020.

C. Betroffene Rechtsgüter

Durch die in dem vorangegangenen Kapitel beschriebenen Auftrittsformen von Kindern im Influencer-Marketing ist eine Vielzahl von Rechtsgütern der Kinder betroffen. Diese betreffen angesichts der Eigentümlichkeiten, die die besonders durch Dynamik geprägte Altersstufe der Kindheit mit sich bringt, schwerpunktmäßig sowohl das Kind der Gegenwart (insbesondere Recht auf Privatleben und Schutz vor Kinderarbeit bzw. Ausbeutung) als auch – entwicklungsbezogen – den Erwachsenen der Zukunft (Recht auf Entwicklung, Schutz vor Vermögensgefährdungen).

I. Das Recht des Kindes auf (digitale) Entwicklung

Schon angesichts des in der Lebensphase der Kindheit besonders im Vordergrund stehenden Heranwachsens ist die Anerkennung eines Rechts auf Entwicklung des Kindes von besonders hoher Bedeutung. Nicht umsonst findet der Begriff der Entwicklung in neun Artikeln der UN-KRK – insgesamt dreizehn Mal – Erwähnung.

Auch das Bundesverfassungsgericht erkennt ein Recht auf „Entwicklung zur Persönlichkeit“ als Ableitung des Allgemeinen Persönlichkeitsrechts aus Art. 2 Abs. 1 i.V.m. Art. 1 Abs. 1 GG an.[90]

Mit diesem allgemeinen Recht auf Persönlichkeitsentwicklung und (notwendigerweise hiermit verbunden) -entfaltung einher gehen die hierfür förderlichen Rechte auf Meinungs- und Informationsfreiheit (Art. 13 UN-KRK), Mediennutzung (Art. 17 UN-KRK) und Freizeit, Spiel und Teilnahme am kulturellen und künstlerischen Leben (Art. 31 UN-KRK). Diese und andere spezielle Rechte stellen die gesellschaftliche Teilhabe sicher.

Unbestritten mit der Nutzung von Medien, hier sozialen Medien und insbesondere Content Creation, verbunden sind Möglichkeiten für Entfaltung, Meinungsbildung und kreatives Ausprobieren.[91]

---

90 BVerfGE 24, 119 (Adoption I); BVerfG FamRZ 2000, 941.

91 *Paschke/Holtmann/Melchers* u.a., ZKJPP 2020, 303 (304) betonen aus kinder- und jugendpsychiatrischer Sicht die Adressierung typischer Entwicklungsaufgaben, insb. im Hinblick auf die Entdeckung und Erschaffung neuer Welten, die Erprobung neuer Rollen im sozialen Kontext und den sozialen Fähigkeitenvergleich.

Aus dem Recht auf Medienzugang in Art. 17 UN-KRK ein allgemeines Recht auf Medien*nutzung* abzuleiten[92], erscheint jedoch zu weitgehend: Betrachtet man den Wortlaut der Norm in Abs. 1 („[...] dass das Kind Zugang hat zu Informationen und Material [...]") im Zusammenhang mit den die Konsumentenstellung des Kindes betonenden Handlungsaufforderungen des Abs. 2, wird deutlich, dass hier eine passive, nicht aber eine aktive Nutzung der Medien gemeint ist – der Begriff der Mediennutzung umfasst aber gerade sowohl die passive als auch aktive Nutzung. Zwar ist es richtig, dass die 1989 verabschiedete KRK die heutigen Möglichkeiten einer aktiven Nutzung digitaler Medien unmöglich vorhersehen konnte, und zur Medienbildung als Voraussetzung für den Medienzugang auch aktive Mediengestaltung hinzugehört[93]. Jedoch ist nicht einsichtig, warum der tätigkeitsbezogene Zugang zu einer *bestimmten* Ausdrucksform des kulturellen Lebens auf diese Weise besonders betont werden sollte, zumal mit ihr auch spezifische Risiken einhergehen (dazu im Folgenden mehr).

Ferner muss natürlich berücksichtigt werden, dass sich das gesellschaftliche Leben zunehmend in den digitalen Raum verlagert (hat), die mediale Selbstpräsentation daher wichtiger wird und zunächst erlernt werden muss. Die aktive Nutzung insbesondere sozialer digitaler Medien durch Kinder ist ein wichtiger Baustein gesellschaftlicher Teilhabe – daraus zu schließen, die Sichtbarkeit in sozialen Medien trage zur gesellschaftlichen Sichtbarkeit bei und wirke einem Übersehen der Kinder bei wichtigen Entscheidungen entgegen[94], erscheint jedoch in seiner Pauschalität und seinem Bezug auf in aller Regel doch sehr triviale und konsumbezogene Social Media-Tätigkeiten zu weit gegriffen.

Trotzdem gilt: Ein generelles, altersunabhängiges Verbot der Internetnutzung ist angesichts deren Wichtigkeit für Persönlichkeitsentwicklung und -entfaltung sowie sozialer Teilhabe in Gegenwart und Zukunft unzulässig.[95]

---

92 Media Smart e.V., Handlungsempfehlungen Kinder-Influencing.

93 *Schmahl*, Kinderrechtskonvention, Art. 17 Rn. 2 m.w.N.

94 *Zschocher*, Darum brauchen wir neue Regelungen bei "Baby- Influencer*innen", https://www.familie.de/baby/darum-brauchen-wir-neue-regelungen-bei-baby-influencerinnen/ (zuletzt geprüft am 15.2.2021).

95 So i.E. auch *Herberger*, juris Monatszeitschrift 2020 (12), 442 (444).

II. Das Recht des Kindes auf Privatleben

Art. 16 UN-KRK verbietet Eingriffe u.a. in das Privatleben des Kindes sowie Beeinträchtigungen seiner Ehre und seines Rufs. Auch **Art. 7 GRCh** schützt das Privat- und Familienleben. Die Landesverfassungen und das Grundgesetz kennen ein solches explizites Recht des Kindes auf Privatleben zwar nicht, jedoch ist es wegen des Systems des einheitlichen Freiheitsschutzes durch jedes universelle Grundrecht – so auch durch das **Allgemeine Persönlichkeitsrecht**[96] – mitadressiert. Auf Abwägungsebene ist dann das miteinzubeziehen, was auch Grund für die explizite Regelung des Art. 16 UN-KRK ist: dass Beeinträchtigungen dieser Art bei Kindern wegen der andauernden Persönlichkeitsentwicklung besonders schwer wiegen, da eine nachhaltige Beeinflussung des gesamten Werdegangs droht.

So formulierte auch das Bundesverfassungsgericht: „*Dabei bedürfen Kinder hinsichtlich der Gefahren, die von einer Berichterstattung der Medien über Kinder ausgehen, eines besonderen Schutzes. Ihre Persönlichkeitsentfaltung kann durch die Berichterstattung in Medien empfindlicher gestört werden als diejenige von Erwachsenen, so daß der Bereich, in dem sie sich frei von öffentlicher Beobachtung fühlen und entfalten dürfen, umfassender geschützt sein muß* [...] *Das Recht jedes Kindes auf Entwicklung zur Persönlichkeit – auf „Person werden" – umfaßt sowohl die Privatsphäre als auch die kindgemäße Entfaltung in öffentlichen Räumen.*“[97] Zudem betonte es: „*Deren Persönlichkeitsentfaltung kann dadurch empfindlicher gestört werden als diejenige von Erwachsenen. Der Bereich, in dem Kinder sich frei von öffentlicher Beobachtung fühlen und entfalten dürfen, muß deswegen umfassender geschützt sein als derjenige erwachsener Personen.*“[98]

Kinder, die auf eigenen oder elterlichen Social Media-Accounts auftreten, sind durch die geteilten Bild- und Textinhalte in ihrem Allgemeinen Persönlichkeitsrecht als Summe unbenannter, für die Persönlichkeit konstituierender Persönlichkeitselemente[99] betroffen. Unter Umständen kann, je nach Intimität des Motivs, der Bezug zur Menschenwürde sogar so

96 Dieses wird aus Art. 2 Abs. 1 i.V.m. Art. 1 Abs. 1 GG hergeleitet, BVerfGE 54, 148 (Eppler); vgl. auch BGHZ 13, 334.
97 BVerfG FamRZ 2000, 941.
98 BVerfGE 101, 361 (385) (Caroline von Monaco II).
99 Vgl. BVerfGE 54, 148 (153) (Eppler).

stark sein, dass durch die Veröffentlichung entsprechender Aufnahmen die Würde des Kindes angetastet wird.[100]

Je nach Einzelfall einschlägige Fallgruppen bzw. Ausprägungen des Allgemeinen Persönlichkeitsrechts sind neben dem in aller Regel betroffenen Recht am eigenen Bild[101] ggf. der Schutz der vertraulichen (inner-familiären) Kommunikation[102] und höchstpersönlicher Geheimnisse[103], die informationelle Selbstbestimmung als Schutz gegen die unbegrenzte Erhebung, Speicherung, Verwendung und Weitergabe persönlicher Daten[104] sowie das Recht auf Vergessenwerden[105]. Bei dem Recht am eigenen Bild ist besonders zu beachten, dass dieses der Person besonders dicht „auf dem Leibe sitzt", denn es repräsentiert die Person nicht nur, sondern ist mit ihr identisch.[106]

Durch die Social Media-Nutzung gleichzeitig eröffnete Möglichkeiten für Entfaltung, Meinungsbildung und kreatives Ausprobieren hängen mit der Betroffenheit der Rechtsgüter zwar auf das Engste zusammen, sind für die Feststellung ihrer nachteiligen Betroffenheit aber ohne Belang. Zudem können Kinder die durch ein quasi grenzenloses öffentliches Auftreten entstehenden Gefahren noch weniger einschätzen als der deutsche Durchschnittserwachsene. Doch bereits dessen Medienkompetenz ist verbesserungswürdig – dass einer der wohl berühmtesten Sätze Angela Merkels aus dem Jahr 2013, *„Das Internet ist für uns alle Neuland"*[107], einen wahren Kern hat, lässt sich an den regelmäßig erscheinenden Studien zum Mediennutzungsverhalten sowie zur Medienerziehung ablesen[108]. Dass das Internet nichts vergisst, dass das eigene Verhalten durch die Algorithmen

---

100 So auch *Alberts*, Die rechtliche Bewertung der Tätigkeit von Influencern, S. 283 im Kontext von Bildern nackter Kleinkinder auf der Toilette.

101 *Lang*, in BeckOK GG, Art. 2 GG Rn. 44 (Stand 15.5.2021).

102 *Lang*, in BeckOK GG, Art. 2 GG Rn. 42 (Stand 15.5.2021).

103 *Lang*, in BeckOK GG, Art. 2 GG Rn. 40 (Stand 15.5.2021).

104 Grundlegend BVerfGE 65, 1 (Volkszählung); *Lang*, in BeckOK GG, Art. 2 GG Rn. 45 (Stand 15.5.2021).

105 Grundlegend BVerfG NJW 2020, 300 und BVerfG NJW 2020, 314 (Recht auf Vergessen I und II); Lang, in BeckOK GG, Art. 2 GG, Rn. 46a (Stand 15.5.2021).

106 *Götting*, Persönlichkeitsrechte als Vermögensrechte, S. 12.

107 *Waleczek*, Merkels „Neuland" wird zur Lachnummer im Netz, https://www.tagesspiegel.de/politik/die-kanzlerin-und-das-internet-merkels-neuland-wird-zur-lachnummer-im-netz/8375974.html (zuletzt geprüft am 15.2.2021).

108 Übersicht bei *Eder/Frost*, Von der Mediennutzung zur Medienkompetenz, https://www.bpb.de/lernen/digitale-bildung/werkstatt/268294/von-der-mediennutzung-zur-medienkompetenz (zuletzt geprüft am 15.2.2021). Hierzu auch bei der Beschreibung der Rolle der Schule *Boeselager*, Jugendliche und die digitale Welt, https://www.deutschlandfunk.de/lernziel-medienkompetenz-jugendliche

der Plattformen nicht nur analysiert, sondern auch beeinflusst wird[109], dass ohne die richtigen Einstellungen auch missliebige Personen viel über die eigene Person erfahren, bzw. sogar mit entsprechenden Einstellungen Datenschutzverstöße der Plattformen drohen, bleibt im Eifer des Gefechts schnell außer Acht.

Ausgehend von der klassischen Einwilligungsdogmatik, die auch bei dem mit einer Veröffentlichung sonst verbundenen Eingriff in das Recht am eigenen Bild Anwendung findet[110], muss man feststellen, dass – unabhängig von der Frage der Kompetenzzuweisung[111] – das Kind im Gros der Fälle angesichts der Komplexität der Materie schlicht noch nicht in der Lage ist, Wesen, Bedeutung und Tragweite der Veröffentlichung für sein Persönlichkeitsrecht zu erkennen und sachgerecht zu beurteilen.[112] Die Möglichkeiten der Verknüpfung von Bildern und Videos mit sensiblen persönlichen Daten wie vollständigem Namen, Geburtsdatum, Wohnort, Verwandtschaft bis hin zur Erstellung eines gläsernen Menschen gehen über seine Vorstellungskraft weit hinaus – es ist nicht einwilligungsfä-

---

-und-die-digitale-welt.724.de.html?dram:article_id=414470 (zuletzt geprüft am 15.2.2021).

109 Hierzu im Allgemeinen z.B. die Netflix-Dokumentation „Das Dilemma mit den sozialen Medien" (2020). Hinzu treten die Ergebnisse einer Studie der Organisation „AlgorithmWatch", laut der Abbildungen von nackter Haut von Frauen und Männern zu einer größeren Sichtbarkeit bei anderen Nutzern führen, vgl. *Kayser-Bril*, Instagram-Algorithmus: Wer gesehen werden will, muss Haut zeigen, https://algorithmwatch.org/de/haut-zeigen-auf-instagram/ (zuletzt geprüft am 22.7.2021). Zur Nacktheit von Kindern wird hier leider keine Aussage getroffen. Ebenso wenig wird differenziert, ab welchem Alter (insbesondere wohl:) ein Mädchen (durch den Algorithmus) als „Frau" eingeordnet wird, obwohl dies im Hinblick auf jugendliche Influencerinnen, die ihr Angebot nach der Nachfrage ausrichten, von großem Interesse wäre. Gleiches gilt für die Frage, ob der Algorithmus auch in dem – ggf. strafrechtlich – besonders sensiblen Feld von Abbildungen jüngerer Kinder entsprechende Aufnahmen priorisiert. Untersuchungen zu all diesen Fragen wären von großer Relevanz, um die Gefährdungslage von Kindern im Influencer-Marketing noch besser zu verstehen.

110 Vgl. § 22 KUG: Bildnisse dürfen nur mit Einwilligung des Abgebildeten verbreitet oder öffentlich zur Schau gestellt werden.

111 Str. ist, ob bzw. wann das Kind und wann die Eltern zuständig sind; dies hängt auch mit der ungeklärten Rechtsnatur der Einwilligung zusammen, s. D.III.1.c.aa. Zum Streitstand vgl. *Götting*, in: Schricker/Loewenheim (Hrsg.), Urheberrecht, § 22 KUG Rn. 7; *Specht*, in: Dreier/Schulze (Hrsg.), UrhG, § 22 KUG Rn. 24 ff.

112 So auch *Alberts*, Die rechtliche Bewertung der Tätigkeit von Influencern, S. 277.

hig.[113] Aber selbst wenn es die Schwelle zur Einwilligungsfähigkeit irgendwann erreicht hat, ist hiermit für die zurückliegenden Veröffentlichungen nichts gewonnen, denn der Eingriff in das Persönlichkeitsrecht ist irreversibel, die Zukunft durch eine Inszenierung (durch die Eltern) ggf. vorgeprägt.

In Qualität wie Quantität vertieft wird dieser schon allgemein für die Veröffentlichung von Kinderfotos festgestellte Eingriff durch die in Bezug auf das Influencer-Marketing bereits beschriebene unauflösliche Vermischung von privatem und öffentlichem Leben. Dies zeigt sich insbesondere, wenn den Kindern bei Aufnahmen in den eigenen vier Wänden, ggf. sogar in ihrem eigenen Zimmer, jeglicher Rückzugs- oder Schutzraum genommen wird, und/oder sie in intimen Momenten wie der Morgen-/Abendroutine, Krankheitssituationen oder nur teilweise bekleidet medial begleitet werden. Gleiches gilt für Aufnahmen bei der Erledigung von Hausaufgaben oder in pandemiebedingt entstandenen Homeschooling-Situationen mit durchaus auftretenden Frustrationen. Die Öffentlichkeit ist virtuell zu Gast im doch ursprünglich als geschützter, privater Raum konzipierten Kinderzimmer.[114] Im Vergleich mit Aufnahmen von Kindern im Rahmen von Dreharbeiten[115], zum Beispiel für Filme, wiegt der Eingriff damit wesentlich schwerer, zumal das Kind hier in aller Regel eben keine „Rolle" spielt, hinter der es sich gewissermaßen verstecken kann. Öfter stellt sich die Frage nach möglichen Auswirkungen solcher Veröffentlichungen in der Kommunikation mit dem sozialen Umfeld des Kindes – insbesondere in der Schule, mit Mitschülerinnen und Mitschülern sowie Lehrerinnen und Lehrern. Auch Fernwirkungen auf zukünftige Handlungsoptionen, zum Beispiel den Abschluss von Arbeitsverträgen, aber auch private Verbindungen, können nicht ausgeschlossen werden, insbesondere bei nicht selten im sechs- bis siebenstelligen Bereich liegenden Klickzahlen. Unter Umständen bezahlen die Kinder so für die heutigen wirtschaftlichen Interessen der Eltern mit ihrer Zukunft[116] – auch wenn jene mit Sicherheit häufig im Sinne ihrer Kinder handeln wollen, auch und besonders vor dem Hintergrund der damit verbundenen (finanziellen) Chancen.

---

113 So auch *Götz*, FamRZ 2019, 573 (575); *Rake*, FamRZ 2020, 1064 (1065).

114 *Herberger*, juris Monatszeitschrift 2020 (12), 442 (443).

115 Hierzu sei ergänzend angemerkt, dass schon diese häufig mit Folgeerscheinungen des frühen Ruhms zu kämpfen haben, wie psychischen Erkrankungen oder Drogenproblemen. Prominente Beispiele sind Britney Spears oder Macaulay Culkin („Kevin allein zu Haus").

116 *Krüger*, in: DKHW, Zwischen Spielzeug, Kamera und YouTube, S. 4.

Zu den allein durch das Veröffentlichen von Inhalten bewirkten Gefährdungen hinzu tritt die mögliche Erfahrung negativer Begleiterscheinungen der Öffentlichkeit, man denke an die externe „Bewertung" des Veröffentlichten, speziell durch sog. Hater[117], und sonstige unkalkulierbare kindeswohlgefährdende Kommunikation wie Cybermobbing[118], Cyberstalking[119], Cybergrooming[120] und Sexting[121]. Diese und andere der Social Media-Nutzung entspringende Risiken und Gefährdungen sind im Kern bereits aus der „analogen" Welt bekannt, werden aber durch die Anonymität des Internets[122], die schnelle Erreichbarkeit und die oft erschwerte elterliche Überwachungsmöglichkeit multipliziert, zumal das entsprechende Täterhandeln erleichtert und die Verfolgung von Verletzungshandlungen erschwert wird[123]. Zudem wird die Kontaktaufnahme im „echten Leben" durch das Teilen persönlicher Informationen wie alltäglicher Erlebnisse erleichtert.[124] Bestimmte (sexuelle) Neigungen und psychische Besonderhei-

117 Duden, Hater, https://www.duden.de/rechtschreibung/Hater (zuletzt geprüft am 15.2.2021): „Jemand, der öffentlich oder in sozialen Netzwerken Hass, Hassbotschaften verbreitet"

118 Duden, Cybermobbing, https://www.duden.de/rechtschreibung/Cybermobbing (zuletzt geprüft am 15.2.2021): „Schikanieren, Diffamieren von Personen über das Internet"

119 Duden, Cyberstalking, https://www.duden.de/rechtschreibung/Cyberstalking (zuletzt geprüft am 15.2.2021): „Verfolgung, Belästigung, Verleumdung, Bedrohung u. Ä. einer Person über das Internet, auch Missbrauch ihrer Identität im Internet"

120 Dieser Begriff bezeichnet strategische Vorbereitungshandlungen zu sexuellem Kindesmissbrauch, wie Kontaktaufnahme, Vertrauensgewinnung, Manipulation und Schaffung von Abhängigkeiten im Bereich digitaler Medien, s. Unabhängiger Beauftragter für Fragen des sexuellen Kindesmissbrauchs, https://beauftragter-missbrauch.de/praevention/sexuelle-gewalt-mittels-digitaler-medien/cybergrooming (zuletzt geprüft am 1.3.2021). Seit dem 1.7.2021 sind sog. Grooming-Handlungen allgemein gem. § 176b StGB strafbar (s. hierzu Gesetz zur Bekämpfung sexualisierter Gewalt gegen Kinder vom 16.6.2021, BGBl. 2021 I S. 1810).

121 Duden, Sexting, https://www.duden.de/rechtschreibung/Sexting (zuletzt geprüft am 15.2.2021): „Austausch privater digitaler Nachrichten oder Fotos mit explizit sexuellem Inhalt".

122 Dies unter Hinweis auf Aussagen der Homeland Security auch betonend *O'Neill*, Influencing the Future, Stanford Law Review Online Dec. 2019, 42 (45).

123 *Brost*, Das Persönlichkeitsrecht von Minderjährigen, S. 107.

124 Hierzu jüngst: *N.N.*, Sex-Chats mit Kindern auf Instagram und TikTok: Anzeigen, https://www.zeit.de/news/2021-02/12/sex-chats-mit-kindern-auf-instagram-und-tiktok-anzeigen (zuletzt geprüft am 15.2.2021).

ten der – noch nicht breiter untersuchten – Followerschaft von Accounts, auf denen Kinder auftreten, können hierbei zum Tragen kommen.[125] Dass diese sich durch so manchen Inhalt in besonderer Weise angesprochen fühlen, kann regelmäßig in den Kommentarspalten unter einschlägigen Postings beobachtet werden.[126]

Ein eindrückliches Beispiel dafür, wie schnell eine Identifizierung des Kindes und damit ein Anbahnen einer Kontaktaufnahme bei unvorsichtigem Agieren (der Eltern) eintreten kann, lieferte die bereits erwähnte Isabeau Kleinemeier[127]: Diese gab in einem Video – ohne es zu merken – die Schule ihres ältesten Kindes preis, indem sie erzählte, es handle sich um eine Privatschule und ihre Tochter müsse nur zwei Stationen mit der Tram fahren, um sie zu erreichen. In dem angesichts weiterer Profilinformationen als Wohnort in Frage kommenden Bereich gab es nur eine Privatschule. Dieselbe Influencerin veröffentlichte am 21.3.2021 in ihrer Instagram-Story[128] im Übrigen ein Video, welches die Attraktivität solcher Accounts für Pädophile eindrucksvoll unter Beweis stellte (wenngleich Nacktheit nicht das einzige Kriterium für pädosexuell interessante Bilder ist[129]): Ihre Kinder wurden hierin – immerhin an den wichtigsten Stellen durch Badekleidung bedeckt – in Nahaufnahmen in der mit Wasser gefüllten Badewanne während des Spielens gezeigt. Die Mutter „berichtete" dabei über eine bestimmte Spielzeugmarke; der sog. „Spritzwal" wurde dabei besonders hervorgehoben und den Kindern zum Spielen angereicht.

Gleichzeitig kommen die Plattformbetreiber trotz entsprechender Verbots- bzw. Schutzkategorien in ihren Nutzungsbedingungen ihrer Verantwortung für den Schutz von durch (sexuelle) Ausbeutung gefährdeten Kindern nicht nach – Meldungen problematischer Inhalte bleiben oft ohne Konsequenzen.[130]

---

125 Vgl. auch *Rosenstock*, in: DKHW, Zwischen Spielzeug, Kamera und YouTube, S. 19. Des Weiteren *Hajok/Wüstefeld*, JMS-Report 2/2020, 2 (3 f.) mit einer Analyse des Verhaltens sowohl von Kommentatoren als auch der (ausbleibenden) Reaktionen der postenden Mütter bzw. der Plattformen.

126 Hierzu Beispiele bei *Hajok/Wüstefeld*, JMS-Report 2/2020, 2 (4), etwa „Heiss" und „Butiful women".

127 https://www.instagram.com/isabeau_youtube/; https://www.youtube.com/user/babytimeleona (zuletzt geprüft am 15.2.2021).

128 Hierbei handelt es sich um speziell hervorgehobene Inhalte des jeweiligen Accounts, die nach 24 h ohne Zutun des Accountsinhaber nicht mehr für Dritte sichtbar sind. Ihr Vorteil ist, dass sie eine besondere Aktualität ausstrahlen und insbesondere auch für längere Videos besonders geeignet sind.

129 *Hajok/Wüstefeld*, JMS-Report 2/2020, 2 m.w.N.

130 *Hajok/Wüstefeld*, JMS-Report 2/2020, 2 (4).

Zudem ist zu beachten, dass gerade in Bezug auf das Selbstwertgefühl und die Identitätsbildung von nach Orientierung suchenden und noch unsicheren jungen Menschen die geäußerte oder empfundene Wahrnehmung durch andere Personen eine große Rolle spielt.[131] Erwartungshaltungen einer Vielzahl von Menschen können weiterhin dazu führen, dass – auch wenn keine „Rolle" im eigentlichen Sinn gespielt wird – über längere Zeit ein „digitaler Zwilling" entsteht, dessen Aufrechterhaltung das Kind psychischem und sozialem Druck aussetzt.[132] All dies kann eine Gefahr für die **geistige und seelische Gesundheit** darstellen.[133]

III. Das Verbot von Kinderarbeit und dem Kindeswohl abträglicher Ausbeutung

> *„Few human rights abuses are as widely and unanimously condemned, while at the same time being as universally practised, as the exploitation of child labour."* – Philip Alston[134]

Im wohlhabenden Deutschland stellt Kinderarbeit[135] glücklicherweise kein großes Problem dar, zumal ein Fehlen des Kindes in der Schule sofort auffiele und Polizei und Jugendamt eingeschaltet würden. In Unternehmen prüft die Gewerbeaufsicht die Einhaltung der Arbeitsschutzvorschriften, auch zur Kinderarbeit. In elterlichen Betrieben, aber vor allem im illegalen Bereich von Prostitution, Menschen- und Drogenhandel (wo Kinder teilweise wegen ihrer Schuldunfähigkeit, § 19 StGB, bewusst eingesetzt werden) ist die Kontrolle jedoch in dieser Form nicht möglich. Die letztgenannten Fälle betreffen im Übrigen vor allem Kinder, die wegen Drogenproblemen, Obdachlosigkeit oder Weglaufens von zuhause besonders vulnerabel sind. Die Corona-Pandemie verschärfte dieses Kontrollproblem noch, die gefährdeten Minderjährigen waren von den Sozialarbeitern noch schlechter zu erreichen als ohnehin.[136]

---

131 *Rake*, FamRZ 2020, 1064.

132 *Dreyer*, in: DKHW, Zwischen Spielzeug, Kamera und YouTube, S. 16.

133 Zu diesen Risiken aus kinder- und jugendpsychiatrischer Sicht ausführlich *Paschke/Holtmann/Melchers* u.a., ZKJPP 2020, 303.

134 *Alston*, Nordic Journal of International Law 1989, 35. Ins Deutsche übersetzt: „Wenige Menschenrechtsverletzungen werden so allgemein und einhellig verurteilt und gleichzeitig so universell praktiziert wie die Ausbeutung der kindlichen Arbeitskraft."

135 Im Sinne der *exploitative child labour*, also ausbeuterischer, schädlicher Arbeit.

136 *Lauck*, Was erlaubt ist – und was verboten, https://www.tagesschau.de/inland/faq-kinderarbeit-101.html (zuletzt geprüft am 16.2.2021).

Allgemein weckt der Begriff der Kinderarbeit jedoch klassischerweise Assoziationen mit Entwicklungsländern: Dort verrichten Kinder schon im Grundschulalter körperliche Arbeit, zu der sie aufgrund ihrer Physiognomie (oder auch mangels Strafmündigkeit) einfacher bzw. ausschließlich in der Lage sind. Mit dem hierfür erhaltenen Hungerlohn tragen sie zu dem kargen Familieneinkommen bei – Kinderarbeit kann damit sowohl Ursache als auch Folge von Armut sein[137].

Dies erscheint uns aus dem heutigen Blickwinkel westlicher Werte[138] als Skandal, wie sich auch in dem am 11. Juni 2021 verabschiedeten Lieferkettengesetz[139] zeigt; wissen wir doch, was Arbeit bei noch in der Entwicklung befindlichen Kindern anrichten kann. Und zwar nicht nur im körperlichen Bereich – **Art. 32 UN-KRK** folgt nicht grundlos der weiten Definition, die auch Gefahren für die geistige, seelische, sittliche oder soziale Entwicklung miteinbezieht: „Die Vertragsstaaten erkennen das Recht des Kindes an, vor wirtschaftlicher Ausbeutung geschützt und nicht zu einer Arbeit herangezogen zu werden, die Gefahren mit sich bringen, die Erziehung des Kindes behindern oder die Gesundheit des Kindes oder seine körperliche, geistige, seelische, sittliche oder soziale Entwicklung schädigen könnte." Entsprechend verpflichtet **Art. 36 UN-KRK** die Vertragsstaaten zur Vermeidung von Schutzlücken generalklauselartig

---

137 Unicef, Ursachen von Kinderarbeit stärker bekämpfen, https://www.unicef.de/informieren/aktuelles/presse/2019/kinderarbeit-bekaempfen/193808 (zuletzt geprüft am 16.2.2021).

138 Wie schon *Wapler*, Kinderrechte und Kindeswohl, S. 18 feststellte: „Normative Vorstellungen von einem guten Leben sind immer eingeschränkt und haben die Tendenz, abweichende Lebensweisen negativ zu bewerten".

139 Entwurf eines Gesetzes über die unternehmerischen Sorgfaltspflichten in Lieferketten, BT-Drs. 19/28649.
Dieses Gesetz soll entsprechend den völkerrechtlich diskutierten „extraterritorialen Schutzpflichten" (hierzu *Schmahl*, Kinderrechtskonvention, Art. 32–36 Rn. 10) deutsche Unternehmen verpflichten, auch im Ausland die Menschenrechte einzuhalten und dies innerhalb ihrer Lieferkette sicherzustellen. U.a. haben sie so dafür zu sorgen, dass Waren (-teile) nicht auf „den schlimmsten Formen der Kinderarbeit" beruhen (so der Wortlaut des § 2 Abs. 2 Nr. 2 unter Verweis auf Art. 3 des Übereinkommens Nr. 182 der ILO v. 17.6.1999).
Zum Schutz von Kindern, s. BT-Drs. 19/28649, S. 24 und 35. Zur allgemeinen Debatte um das Gesetz, s. https://verfassungsblog.de/category/debates/lieferkettengesetz-made-in-germany-debates/ und *Zacharakis*, „Für die Wirtschaft derart schädlich", https://www.zeit.de/wirtschaft/2019-12/lieferkettengesetz-arbeitsbedingungen-zulieferer-menschenrechte-arbeitgeberverband-kritik/komplettansicht (beides zuletzt geprüft am 16.2.2021).

zum Schutz „vor allen sonstigen Formen der Ausbeutung, die das Wohl des Kindes in irgendeiner Weise beeinträchtigen."

Das Kind wird damit vor *exploitative child labour*[140] geschützt, abzugrenzen insbesondere von *light work*[141] oder *beneficial work*[142], die für Kinder angemessen ist, und aus der sie durch Übernahme von Verantwortung und Erlernen von Fähigkeiten sogar Vorteile ziehen können.[143] Wiederum als schädlich für die kindliche Entwicklung einzuordnen ist jedoch u.a. eine Arbeit, die eine übermäßige Verantwortung des Kindes mit sich bringt.[144]

Das Verbot der Kinderarbeit findet sich zudem in sechs deutschen Landesverfassungen[145]; der (begrifflich weitere) Schutz gegen Ausbeutung sogar in acht.[146]

Im Zusammenhang mit minderjährigen „Darstellerinnen" auf Influencer-Kanälen stellt sich angesichts der mittelbaren oder unmittelbaren wirtschaftlichen Verwertung von persönlichkeitsrechtsrelevanten Aspekten die Frage nach der Einordnung der Tätigkeiten des Kindes – handelt es sich schon um Arbeit oder doch nur um ein Hobby? Hierzu soll im Folgenden ein Vergleich mit den bereits angedeuteten Charakteristika „klassischer" Kinderarbeit erfolgen und eine Betrachtung der Gefährdungslagen vorgenommen werden.

Die mit Art. 32 UN-KRK adressierte Kinderarbeit ist und war immer (besonders) **günstige**[147] **Arbeit**, befördert gerade durch Zwangssituationen von Familien und Kindern, und geschieht bzw. geschah **informell** oder **heimlich**[148].

---

140 D.h., ausbeutender/ausbeuterischer Kinderarbeit.

141 D.h., leichter Arbeit.

142 D.h., nützlicher/vorteilhafter Arbeit.

143 *Schmahl*, Kinderrechtskonvention, Art. 32–36 Rn. 5. Trotzdem wird das Verbot der Kinderarbeit u.a. von der Bewegung arbeitender Kinder kritisiert. Vgl. dazu *Liebel*, Kinderrechte – aus Kindersicht (2009), S. 81 ff.

144 So auch *Schmahl*, Kinderrechtskonvention, Art. 32–36 Rn. 7.

145 Art. 27 Abs. 8 BbgVerf, Art. 52 Abs. 2 BremVerf, Art. 30 Abs. 3 HeVerf, Art. 55 Abs. 3 S. 1 RPVerf, Art. 28 Abs. 2 SächsVerf, Art. 11 Abs. 4 SAVerf.

146 Art. 13 S. 1 BWVerf, Art. 126 Abs. 3 S. 1 ByVerf, Art. 13 Abs. 1 S. 1 BlnVerf, Art. 25 Abs. 1 S. 1 und Abs. 2 BremVerf, Art. 14 Abs. 1 S. 2 MVVerf, Art. 6 Abs. 2 S. 1 NWVerf, Art. 25 Abs. 2 RPVerf, Art. 24a Abs. 1 SlVerf.

147 Dies war z.B. Anreiz für die Kreisverwaltung von Uelzen, den Antrag der Kreistagsfraktionen der Grünen, keine Produkte aus Kinderarbeit mehr zu kaufen, abzulehnen, s. *Gensichen*, Vorteil durch Ausbeutung, https://taz.de/Kinderarbeit-fuer-Uelzen/!5146211/ (zuletzt geprüft am 16.2.2021).

148 *Schmahl*, Kinderrechtskonvention, Art. 32–36 Rn. 6 m.w.N.

Ob ersteres im digitalen Bereich noch so ist, muss man bei den Preisen, die Kinder- und Familien-Influencer für Produktplatzierungen aufrufen – und die es offenbar (auch in Deutschland) ermöglichen, dass zumindest ein Elternteil seinen klassischen Beruf aufgibt, um sich der eine familiäre Existenzgrundlage schaffenden Onlinepräsenz widmen zu können[149] – stark anzweifeln. Entsprechend stehen in dem Forbes 2019-Ranking der bestbezahlten YouTuber auf Platz 1 (Ryan Kaji, damals neun Jahre alt) und 3 (Anastasia Radzinskaya, damals fünf Jahre alt) Kinder-Influencer, die ein Einkommen von 26 bzw. 18 Mio. US-Dollar pro Jahr erwirtschafteten.[150] Das Forbes 2020-Ranking zeichnet das Bild eines wachsenden Marktes: Zwar ist die vormals Drittplatzierte nur noch auf dem siebten Rang zu finden, konnte jedoch sogar 18,5 Mio. US-Dollar einnehmen; Ryan Kaji verteidigt seinen ersten Platz mit Einnahmen von 29,5 Mio. US-Dollar.[151]

Gleichzeitig scheidet die sogar von UNICEF[152] anerkannte ggf. bestehende Notwendigkeit der Kinderarbeit aufgrund von familiärer **Armut** und Gefährdung des Überlebens in einer mit Internet ausgestatteten, in Deutschland lebenden Familie in aller Regel aus. Grund für die Tätigkeit wird hier wohl eher die Hoffnung auf einen gesellschaftlichen Aufstieg sein.

Die Heimlichkeit der Ausbeutung ist ebenfalls zu verneinen, da der Auftritt des Kindes ersichtlich in aller Öffentlichkeit erfolgt; die Tatsache, dass wohl nur wenige Eltern zugeben, dass es sich um Arbeit handelt, ändert hieran nichts.

---

149 Zur Mutter von Miley, Aynur Henle, s. *Saatz*, Diese 9-jährige deutsche YouTuberin verdient so viel Geld, dass ihre Eltern ihre Jobs aufgegeben haben, https://www.businessinsider.de/panorama/diese-9-jaehrige-deutsche-youtuberin-verdient-so-viel-geld-dass-ihre-eltern-ihre-jobs-aufgegeben-haben-2018-12/ (zuletzt geprüft am 16.2.2021); zu Annette Pawlu s. *Hertreiter*, Phänomen Instamom, https://www.sueddeutsche.de/leben/instagram-star-pawlu-phaenomen-instamom-1.3930998 (zuletzt geprüft am 16.2.2021).

150 *Berg*, The Highest-Paid YouTube Stars of 2019: The Kids Are Killing It, https://www.forbes.com/sites/maddieberg/2019/12/18/the-highest-paid-youtube-stars-of-2019-the-kids-are-killing-it/#be4c18138cd4 (zuletzt geprüft am 16.2.2021).

151 *Berg/Brown*, The Highest-Paid YouTube Stars Of 2020, https://www.forbes.com/sites/maddieberg/2020/12/18/the-highest-paid-youtube-stars-of-2020/?sh=377d26006e50 (zuletzt geprüft am 16.2.2021).

152 *Charbonneau*, Kinderarbeit weltweit, https://www.unicef.de/informieren/aktuelles/blog/kinderarbeit-fragen-und-antworten/166982 (zuletzt geprüft am 16.2.2021).

Der für die Annahme notwendige wirtschaftliche Bezug, das Streben nach Profit[153] ist hingegen ersichtlich auch bei Influencern vorhanden. Hinzu kommt, dass das Kind durch seine eigene Influencer-Tätigkeit oder die Mitwirkung als *Unique Selling Point* für den Lebensunterhalt der Familie zumindest mitverantwortlich wird.

Hiermit, sowie mit den sich aus der oben beschriebenen unauflöslichen Vermischung von privatem und öffentlichem Leben ergebenden, besonderen entwicklungsbezogenen Auswirkungen auf die auftretenden Kinder hängt auch zusammen, dass der Medienpädagoge *Roland Rosenstock* von der **Gefahr eines seelischen Missbrauchs** spricht[154]. Ein solcher liegt vor bei einer nicht hinreichenden Inrechnungstellung des sich aus der positionsabhängigen emotionalen Bindung ergebenden Selbstbildes, wobei dies angesichts der Komplexität der Psyche und der Bindung aus jedem Handeln und Unterlassen zwischen Nichtbeachtung und Ausnutzen folgen kann.[155]

Dies wird an dieser Stelle nicht nur relevant in Bezug auf unmittelbar problematisch erscheinende Handlungen wie das Veröffentlichen eines als peinlich empfundenen Fotos oder ein irgendwie geartetes Erzwingen der Aufnahme von Fotos. Seelischer Missbrauch kann insbesondere auch in Bezug auf nicht altersadäquate Verantwortungen vorliegen, die bspw. entstehen, wenn die Familie den Lebensunterhalt durch die Inszenierung des Kindes bestreitet. Mit dem letzten Punkt zusammenhängend droht einerseits eine hausgemachte finanzielle Entgrenzung der Kindheit, andererseits eine Entgrenzung auch in Bezug auf die Erfahrung negativer Begleiterscheinungen der Öffentlichkeit[156]. Zudem wird bereits über die **geistige und seelische Gesundheit** unmittelbar betreffende Burnouts berichtet, die unter gewisse Content-Quoten verfolgenden Kindern und Jugendlichen auftreten. Besonders eindrücklich erscheint dies im Zusammenhang mit sog. *Collab Houses* in den USA, in denen sich jugendliche Influencer (die Kosten tragen Agenturen) zu einer Wohngemeinschaft irgendwo zwischen Big Brother und Verbindungshaus zusammenschließen, um möglichst viele Inhalte zu produzieren und ihre digitalen Gefolgschaften zu verbinden.[157] Diese neue Entwicklung in dem Herkunftsland des Social

---

153 *Schmahl*, Kinderrechtskonvention, Art. 32–26 Rn. 7.

154 *Rosenstock*, in: DKHW, Zwischen Spielzeug, Kamera und YouTube, S. 21.

155 Vgl. hierzu *Rüth/Freisleder*, Seelische Gewalt, https://www.aerzteleitfaden.bayern.de/diagnose/seelische-gewalt.php (zuletzt geprüft am 16.2.2021).

156 S.o., C.II.

157 *Moorstedt*, Legebatterie für Influencer, https://www.sueddeutsche.de/leben/tiktok-chase-hudson-hype-collab-house-1.5095021 (zuletzt geprüft am 16.2.2021).

Media-basierten Influencer-Berufs ist, soweit ersichtlich, bisher eine rein nationale; ein Übergreifen auch auf Deutschland kann aber natürlich nicht ausgeschlossen werden. Insgesamt kann eine **Gefährdung der kindlichen Entwicklung** bejaht werden.[158]

Ebenfalls lässt sich das Charakteristikum der **Ausnutzung von** gegenüber dem Durchschnittserwachsenen bestehenden physiognomischen **Vorteilen** durch „klassische" Dritte-Welt-Kinderarbeit zumindest in Teilaspekten übertragen: Zwar ist die Schädlichkeit der Tätigkeit als Influencerin natürlich in Form wie Intensität nicht vergleichbar mit der der Arbeit etwa in engen Schächten. Doch sind Kinder, wie bereits gezeigt, auf eigenen oder auf Familienkanälen besonders gut für die Strategie von Influencer-Marketing geeignet: Sie können nicht nur ihre *Peer Group* noch leichter beeinflussen[159], sondern tragen auch zur Attraktivität der Inhalte für Erwachsene enorm bei. Letzteres geschieht einerseits (bestenfalls) durch einen gewissen „Niedlichkeitsfaktor" bzw. (schlechtestenfalls und wohl von den Eltern nicht beabsichtigt) durch eine anders geartete Attraktivität, andererseits durch die Ermöglichung der Vermittlung tradierter Werte[160] in einer vermeintlich heilen Familienwelt, die gerade in (ganz normalen) Zeiten von neuen Situationen und Überforderung als Orientierungspunkt dient.

Trotz der genannten Aspekte wird die Influencer-Tätigkeit, entsprechend der charakteristischen Vermischung von Öffentlichkeit und Privatleben, oft als bloßes Hobby bezeichnet. Nach dem Duden ist ein Hobby eine „als Ausgleich zur täglichen Arbeit gewählte Beschäftigung, mit der jemand seine Freizeit ausfüllt und die er mit einem gewissen Eifer betreibt"[161]. Das Merkmal „als Ausgleich" bedeutet zwar nicht zwingend, dass hiermit keine Anstrengung verbunden oder die Tätigkeit kein möglicher Beruf sein darf[162], jedoch zeigt es, dass eine Abgrenzung zum Beruf als Arbeit erforderlich ist. Ein Beruf wiederum ist i.S.d. Art. 12 Abs. 1 GG

---

158 Zu diesem Aspekt im Bereich der Persönlichkeitsrechtsverletzung, s. C.II.

159 S.o., insbesondere B.II. Vgl. zudem Zitat von *Robin Blase* in: DKHW/KJM, Veranstaltungsbericht Fachtag „Zwischen Spielzeug, Kamera und YouTube", S. 4; Bundesprüfstelle für jugendgefährdende Medien, Gefährdungsatlas (2019), S. 113.

160 Zur Ausrichtung des bereits erwähnten „digitalen Zwillings" an Rollenklischees s. zudem *Polster*, JMS-Report 2/2021, 2 (3).

161 Duden, Hobby, https://www.duden.de/rechtschreibung/Hobby (zuletzt geprüft am 16.2.2021).

162 Sonst wäre auch die Redewendung „sein Hobby zum Beruf machen" zumindest paradox.

jede auf Dauer angelegte Tätigkeit zur Schaffung und Erhaltung einer Lebensgrundlage, wobei ein Beitrag hierzu genügt,[163] sodass zumindest in dem Fall der Influencer, die regelmäßig einen nicht ganz unerheblichen Teil ihres Einkommens hieraus beziehen, eine Arbeit zu bejahen ist. Hinzu kommt, dass dem Begriff des Hobbys eine gewisse Freiwilligkeit immanent ist – dem Erfolg oder ggf. Teamgeist entsprechend wird zwar normalerweise nicht bei bloß gelegentlich auftretender Lustlosigkeit von einer Ausübung abgesehen, jedoch ist die Verfolgung des Hobbys an sich von eigenem Antrieb und der Freude daran geprägt. Anders kann dies bei der Arbeit sein, die für die Sicherung der Lebensgrundlage in aller Regel zwingend ist. Ein Aufwand, der in Ausmaß und Ertrag so weit geht, dass Eltern ihre Arbeitsstellen aufgeben und das Kind in die Situation eines Familienernährers bringen, oder die (notwendige) Einbindung des Kindes in den eigenen Kanal, spricht gegen die Annahme eines Hobbys, welches das Kind bei abnehmender Freude (wie bei dem Fußballverein oder Geigenunterricht) jederzeit zurückschrauben oder aufgeben kann.[164] Wenn trotzdem immer wieder betont wird, das Kind betreibe die mit dem Online-Auftritt zusammenhängenden Aktivitäten freiwillig, stellt dies zumindest generell eine Überschätzung ihrer Fähigkeit zur Bildung eines freien Willens (auch) unabhängig von elterlicher Erwartungshaltung, ggf. objektiver wirtschaftlicher Notwendigkeit, und ihrer Fähigkeit, Widerspruch zu leisten, dar.[165]

Die entstandene Verantwortung des Kindes kann auch durch mögliche positive Erfahrungen und die Förderung kreativer Fähigkeiten nicht aufgewogen werden.

Das Abgrenzungskriterium der Freiwilligkeit wird im Übrigen nicht dadurch seiner Adäquanz beraubt, dass es durchaus Tätigkeiten geben kann, die mangels (ausreichender) Einnahmen nicht als Beruf einzuordnen sind,

---

163 *Ruffert*, in: BeckOK GG, Art. 12 GG Rn. 40 ff. m.w.N. (Stand 15.5.2021).

164 Zu diesem Druck, der ein anderer ist als in Situationen, wo das Kind bloß zu einem von ihm grundsätzlich unabhängigen Erwerbsgeschäft der Familie beiträgt, vgl. auch *Rosenstock*, in: DKHW, Zwischen Spielzeug, Kamera und YouTube, S. 20.

165 *Polster*, JMS-Report 2/2021, 2 (4) formuliert insoweit: „In der Regel gestaltet sich die Situation [von Eltern- und Familienaktivitäten in sozialen Medien, M.L.] aus der Außenperspektive dabei wesentlich weniger eindeutig. Es sind durchaus Fälle vorstellbar, in denen der Wunsch, die Eltern zufrieden zu stellen, stärker sein kann, als das Gefühl, sich mit der Veröffentlichung von Bild- und Videomaterial nicht wohl zu fühlen. Dann lässt sich die Freiwilligkeit anzweifeln, mit der Kinder an der social media-Präsenz mitwirken. Einer exakten Überprüfbarkeit wird sie sich im Einzelfall aber oft entziehen."

zum Beispiel im Fall von Kinder-Leistungssportlern und (in den USA) sog. *Dance Moms*. Diese Tätigkeiten werden aber (oft zumindest auch) aufgrund einer gewissen elterlichen Erwartungshaltung ausgeübt. Eine Dichotomie Hobby/Beruf bzw. einen Automatismus, dass bei Ablehnung des einen das andere vorliegt, gibt es so jedoch nicht. In den genannten Fällen mag eine arbeitsschutzrechtliche Regulierung nicht passend sein; eine Handhabung mittels der Annahme einer Kindeswohlgefährdung bei völliger Fokussierung auf elterliches Geltungsbedürfnis ist aber möglich.

Schwerer als bei Influencer-Tätigkeiten des Kindes fällt die Einordnung als „Arbeit" bei bloßem Geschehenlassen der Aufzeichnung natürlichen Verhaltens durch die Eltern[166], schließlich wird (abgesehen vom Dulden) keine bestimmte Handlung des Kindes gefordert und es entsteht kein besonderer Zeitaufwand. Jedoch werden relevante Aspekte der Persönlichkeit des Kindes zur Gewinnerzielung genutzt. Während bei dem Teilen von Beiträgen, an denen das Kind aktiv mitgewirkt hat, also dessen Tätigkeit als solche im Vordergrund steht, sind es hier (bloß) mitschwingende persönlichkeitsrechts-relevante Aspekte. Dass deren Nutzung eine Ausbeutung darstellen kann, entspricht der Tatsache, dass dem Recht am eigenen Bild bzw. dem allgemeinen Persönlichkeitsrecht ein vermögensrechtlicher Zuweisungsgehalt zugesprochen wird[167]. Zudem sollte untersucht werden, inwieweit auch hier die Kinder begreifen, dass sie ein unabdingbarer Teil der elterlichen Tätigkeiten zur Einnahmenerzielung sind und ob sie diesen wirtschaftlichen Druck spüren bzw. sich insofern in einer Zwangslage befinden können.

IV. Gefahren für das Vermögen des Kindes

Am Rande sei noch die Abmahngefahr erwähnt, die sich aus der komplexen und (bzgl. der Kennzeichnungspflicht:[168]) teilweise ungeklärten Rechtslage in Bezug auf das Influencer-Marketing ergibt. Diese stellt eine zumindest abstrakte Gefahr für das Kindesvermögen dar, sofern die Kin-

166 Dies stellt nur eine Variante der Content Creation durch die Eltern dar; Handlungen des Kindes, die auf Anregungen oder Anweisungen beruhen, kommen ebenso vor.

167 So bei BGH NJW 2009, 3032 m.w.N.

168 S.o., B.II.

der selbst für die geteilten Inhalte verantwortlich sind (und nicht ihre Eltern).[169]

Eine weniger für das Vermögen des Kindes an sich als für den Vermögensaufbau relevante Gefährdung geht zudem von dem zunehmend zu beobachtenden Phänomen aus, dass Eltern ihre Arbeitsstellen kündigen, um sich voll auf die Influencer-Tätigkeit (vorgeblich des Kindes) zu konzentrieren. Der Lebensunterhalt der Familie ist freilich weiterhin sicherzustellen. Daher folgt aus der Kündigung der Arbeitsstelle nach der allgemeinen Lebenserfahrung in der Regel zwingend eine (u.U. zulässige) Verwendung der Einkünfte des Kindesvermögens, eine (unzulässige) Verwendung des Kindesvermögens oder eine (u.U. zulässige) Verwendung der Einkünfte aus dem Kindesvermögen zur Bestreitung des Unterhalts des Kindes und der Familie.[170]

V. Zwischenfazit

Das Problem dürfte deutlich geworden sein: Das Auftauchen von Kindern in sozialen Medien erscheint angesichts der zunehmenden Digitalisierung des öffentlichen Lebens – dessen Teil Kinder sind – als **„normal“**[171]**.** Dabei erweist sich das Auftreten von Kindern im Zusammenhang mit Influencer-Marketing als „ganzes Sammelbecken von Rechtsverletzungen“[172], in vielen Fällen als eine neue Form der Kinderarbeit.

Hier muss keine böse (Ausbeutungs-) Absicht der Eltern vorliegen – wenngleich Profilierungsversuche der Eltern über die öffentliche Präsenz des Kindes ebenfalls nicht ausgeschlossen werden können. Auch ist die Belastung des individuellen Kindes sicherlich abhängig von den vielen Faktoren des Einzelfalls. Doch wird angesichts der aufgezeigten Problema-

169 Eine solche nimmt auch *Herberger*, juris Monatszeitschrift 2020 (12), 442 (446) an. In Bezug auf Datenschutzverstöße bei WhatsApp AG Bad Hersfeld, ZD 2017, 435. Ablehnende Besprechungen bei *Jesgarzewski*, NZFam 2017, 474 („fernliegend“) und *Jensen/Rottwinkel*, ZD-aktuell 2017, 05681 („abstrakte Gefahr“). Zur Haftung der Eltern bei Rechtsverletzungen der Kinder als Influencer, s. *Alberts*, Die rechtliche Bewertung der Tätigkeit von Influencern, S. 272 ff.

170 Zur rechtlichen Einordnung als (un-)zulässig, s.u., D.II.

171 Allgemein haben gesellschaftliche Entwicklungen und die Quantität des Vorkommens eines (gesundheits-)gefährdenden Phänomens großen Einfluss auf die Einschätzung; s. zu Beispielen aus der kinderärztlichen Praxis *Berthold*, NZFam 2020, 361.

172 *Meergans*, in: DKHW, Zwischen Spielzeug, Kamera und YouTube, S. 11.

tiken die Frage virulent, wie Kinder vor diesen Gefahren staatlicherseits geschützt werden; letztlich, wie ein ausgewogenes Verhältnis zwischen digitaler Teilhabe und Schutz des Kindes vor Persönlichkeitsrechtsverletzungen und Kinderarbeit herzustellen ist, wenn Eltern diese Aufgabe nicht übernehmen wollen oder (mangels besseren Wissens) nicht können.

D. Der normative Rahmen

Im Folgenden wird der *de lege lata* bestehende normative Rahmen, in dem sich das Auftreten von Kindern in sozialen Medien generell, aber insbesondere im Bereich des Influencer-Marketings bewegt, untersucht. Das Ziel dieser Analyse ist es, derzeit etwaig bestehende Schutzlücken aufzudecken, um diese sowohl in das öffentliche Bewusstsein zu bringen als auch hierdurch die Basis für spätere rechtspolitische Überlegungen zur Regulierung dieser Sachverhalte *de lege ferenda* zu legen.

Völker- und unionsrechtliche Normkomplexe stellen hierfür trotz ihrer gegenüber dem Verfassungsrecht grundsätzlich wohl niedrigeren Stellung in der Normenhierarchie den Ausgangspunkt dar. Diese wirken nämlich nicht nur auf die Auslegung nationalen deutschen Recht ein, sondern stehen verglichen mit diesem – wie sich noch zeigen wird – kinderrechtsevolutionär gesehen auf fortgeschrittener Entwicklungsstufe. Aus ihrer nationalrechtlich betrachtet begrenzten Wirkung, die sich noch dazu weit überwiegend in ihrer auslegungsleitenden Funktion zeigt, ergibt sich allerdings auch, dass sie nur überblicksartig betrachtet werden sollen. Insbesondere soll nicht die Vereinbarkeit der derzeitigen Rechtslage mit Unions- und Völkerrecht untersucht bzw. sollen nicht ähnliche originäre Abgleiche vorgenommen werden.

I. Völkerrecht und Unionsrecht

Die bereits mehrfach erwähnte UN-Kinderrechtskonvention (UN-KRK) steht seit ihrer Ratifikation durch Deutschland 1992 in dem Rang eines einfachen Gesetzes. Ihre Beachtlichkeit geht hierüber aber hinaus: Die menschenrechtlichen Verbürgungen der völkerrechtlichen Verpflichtungen sind bei der (insofern völkerrechtskonformen) Auslegung des nationalen Rechts inkl. des höherrangigen Grundgesetzes heranzuziehen.[173]

---

173 Bzgl. der EMRK: BVerfGE 74, 358 (370) (Unschuldsvermutung); 111, 307 (317, 329) (EGMR-Entscheidungen); bzgl. der BRK: BVerfGE 128, 282 (306, insbesondere Rn. 52) (Zwangsbehandlung im Maßregelvollzug); bzgl. der KRK implizit: BVerwG BeckRS 2011, 48267.

Art. 8 Abs. 1 der Europäischen Menschenrechtskonvention (EMRK) enthält das Recht auf Achtung des Privat- und Familienlebens. Dieses ist umfassend und als einer abschließenden Definition nicht zugänglich zu verstehen. Einen besonderen Bezug zur Menschenwürde aufweisend bildet das Recht auf Selbstbestimmung den Kern der Garantie und schützt alle natürlichen Personen unabhängig von ihrem Alter.[174] Es umfasst u.a. die Integrität der familiären Beziehungen[175], den Schutz der psychischen Identitätsbildung[176] – insbesondere auch das Recht von Kindern auf Entwicklung ihrer (sozialen) Kompetenzen[177] –, die Achtung der Privatsphäre[178] und die Entscheidung über das Ob und Wie des Auftretens im öffentlichen Raum, welche u.a. den Schutz des guten Rufs und der Ehre sowie das Recht am eigenen Bild beinhaltet[179].

Die Europäische Grundrechtecharta (GRCh) ist national nur bei Durchführung[180] von Unionsrecht anzuwenden (Art. 51 Abs. 1 S. 1 GRCh) und enthält mit Art. 24 (Rechte des Kindes) und Art. 32 (Verbot der Kinderarbeit und Schutz der Jugendlichen am Arbeitsplatz) ausdrücklich kindesbezogene Regelungen, die den Schutz des Kindeswohls in allen Bereichen und besonders im Arbeitsleben herausstellen.

---

174 *Meyer-Ladewig/Nettesheim*, in: Meyer-Ladewig/Nettesheim/von Raumer (Hrsg.), EMRK, Art. 8 EMRK Rn. 7 ff.

175 *Gersdorf*, in: BeckOK Informations- und Medienrecht, Art. 8 EMRK Rn. 30 ff. (Stand 1.5.2021); *Meyer-Ladewig/Nettesheim*, in: Meyer-Ladewig/Nettesheim/von Raumer (Hrsg.), EMRK, Art. 8 EMRK Rn. 28 ff. jeweils m.w.N.

176 *Meyer-Ladewig/Nettesheim*, in: Meyer-Ladewig/Nettesheim/von Raumer (Hrsg.), EMRK, Art. 8 EMRK Rn. 21 ff. m.w.N.

177 Hierzu jüngst EGMR, 47621/13 u.a. – Vavřička u.a./Tschechien.

178 *Meyer-Ladewig/Nettesheim*, in: Meyer-Ladewig/Nettesheim/von Raumer (Hrsg.), EMRK, Art. 8 EMRK Rn. 31 m.w.N.

179 Hierzu *Gersdorf*, in: BeckOK Informations- und Medienrecht, Art. 8 EMRK Rn. 21 ff. (Stand 1.5.2021); *Meyer-Ladewig/Nettesheim*, in: Meyer-Ladewig/Nettesheim/von Raumer (Hrsg.), EMRK, Art. 8 EMRK Rn. 42 ff. jeweils m.w.N.

180 Über die an eine „Durchführung" anzulegenden Maßstäbe bestehen unterschiedliche Ansichten von EuGH und BVerfG. Zum Diskussionsstand s. *Terhechte*, in: von der Groeben/Schwarze/Hatje (Hrsg.), Europäisches Unionsrecht, Art. 51 GRC Rn. 9 ff.

II. *Verfassungsrecht und Familienrecht*

1. Die Grundrechtsposition des Kindes

Obgleich Kinder als Rechtssubjekte in der deutschen Verfassung quasi gar nicht[181] und im einfachen Recht zumindest explizit nur vereinzelt (zum Beispiel § 1631 Abs. 2 BGB, Recht auf gewaltfreie Erziehung) erwähnt werden[182], sind sie Träger von (Grund-)Rechten – das Grundgesetz gewährleistet einen **einheitlichen Freiheitsschutz**, was auch Art. 3 Abs. 1 GG entspricht: „Alle Menschen sind vor dem Gesetz gleich". Grundrechtsadressat ist schon angesichts Art. 1 Abs. 3 GG grundsätzlich lediglich der Staat; da das Grundgesetz jedoch eine objektive Werteordnung verkörpert, entfaltet sich sein Rechtsgehalt mittelbar auch zwischen Privaten.[183] Dies geschieht dadurch, dass das einfache Recht nicht nur grundrechtskonform auszugestalten, sondern auch in diesem Lichte auszulegen ist. Dementsprechend sind Kinder auch Inhaber vieler Rechtspositionen im einfachen Recht, die eine solche Ausgestaltung der objektiven Werteordnung darstellen.

Insbesondere das **Allgemeine Persönlichkeitsrecht** (Art. 2 Abs. 1 S. 1 i.V.m. Art. 1 Abs. 1 GG) enthält spezifisch auf die besonders von Dynamik und Zukunftsgerichtetheit geprägte[184] Lebenssituation des Kindes zugeschnittene Gewährleistungen, namentlich ein Recht auf Entwicklung zu einer selbstbestimmten Person, welches sowohl Schutz- als auch Selbstbestimmungselemente vereint.[185] Hierin enthalten sind auch die Minimalbe-

181 Am ehesten lässt sich eine Subjektstellung noch aus Art. 6 Abs. 5 GG bzgl. nicht-ehelicher Kinder und der Schranke „Jugendschutz" in Art. 5 Abs. 2, Art. 11 Abs. 2, Art. 13 Abs. 7 GG herauslesen.

182 Eine Ausnahme stellt hier tendenziell das im SGB VIII geregelte Kinder- und Jugendhilferecht dar; s. nur § 1: „Jeder junge Mensch hat ein Recht auf Förderung seiner Entwicklung und auf Erziehung zu einer eigenverantwortlichen und gemeinschaftsfähigen Persönlichkeit."

183 Statt vieler als Ausgangspunkt BVerfGE 7, 198 (Lüth). Zu weiteren objektiven Grundrechtsgehalten s. *Herdegen*, in: Maunz/Dürig, Grundgesetz, Art. 1 Abs. 3 GG Rn. 17 ff. m.w.N. In Bezug auf diese Ableitung zumindest missverständlich *Alberts*, Die rechtliche Bewertung der Tätigkeit von Influencern, S. 286: „Hierbei ist zu bedenken, dass das Kind nicht nur Rechtssubjekt im Verhältnis zu den die Erziehungsverantwortung innehabenden Eltern ist, sondern dass es auch Rechtssubjekt im Verhältnis zum Staat ist, der ihm effektiven Schutz seiner grundgesetzlich verbürgten Rechte, insbesondere seiner Menschenwürde und seiner Persönlichkeitsrechte schuldet."

184 Hierauf auch verweisend *Wapler*, Kinderrechte und Kindeswohl, S. 391, 408 ff.

185 Hierzu sowie zu den diskutierten Rechten *auf Personwerden* und *auf Menschwerden*, s. *Wapler*, Kinderrechte und Kindeswohl, S. 99–102 m.w.N.

dingungen für die Verwirklichung des ethischen Rechts auf eine offene Zukunft, wie es von *Feinberg*[186] entwickelt wurde. Mit Minimalbedingungen gemeint ist die Sicherstellung einer „angemessene[n] Bandbreite an Lebensmöglichkeiten“[187], ohne jedoch Beliebigkeit oder zwanghafte Neutralität der elterlichen Erziehung vorauszusetzen[188].

Die unbestrittene Rechtsfähigkeit von Kindern lässt gleichwohl nicht zwingend Rückschlüsse auf die tatsächliche Ausübung und Durchsetzung ihrer Rechte zu: Diese wird einerseits durch die (zurecht äußerst umstrittene und von dem Bundesverfassungsgericht nicht anerkannte) Figur der **Grundrechtsmündigkeit**[189], andererseits durch rein praktische Zugangshürden zum Recht eingeschränkt – wie viele Kinder setzen ihre (Menschen-[190]) Rechte schon (im Notfall gerichtlich) gegen ihre Eltern durch?

2. Das Elternrecht

Art. 6 Abs. 2 GG lautet: „Pflege und Erziehung der Kinder sind das natürliche Recht der Eltern und die zuvörderst ihnen obliegende Pflicht. Über ihre Betätigung wacht die staatliche Gemeinschaft.“

Dabei umfasst die Pflege vor allem die körperliche und emotionale Versorgung, während die Erziehung insbesondere auf die wertebezogene Dimension der Einwirkung auf das Kind, maßgeblich in Bezug auf die

---

186 *Feinberg*, The Child's Right to an Open Future, in: ders., Freedom and Fulfilment. Philosophical Essays. (1992), S. 76.

187 *Wapler*, Kinderrechte und Kindeswohl, S. 557 f.

188 *Wapler*, Kinderrechte und Kindeswohl, S. 412 f. insbesondere mit Verweis auf *Mills*‘ Gegenrede.

189 Diese bezeichnet die Fähigkeit bzw. Berechtigung zur „freien“ Grundrechtsausübung und wird oft – angesichts der begrifflichen Unschärfe jedoch nicht immer – im Schutzbereich des Grundrechts angesiedelt. Im Ergebnis sollen hiermit Einschränkungen der Grundrechte von Minderjährigen begründet werden. Dabei handelt es sich aber eigentlich um eine Frage der Rechtfertigung. Solche Einschränkungen können durchaus auf einem verstärkten Schutzbedürfnis beruhen, welches bei (zumindest kleinen) Kindern typischerweise vorliegen mag. Eine typisierende Begrenzung der aufgrund des Status als Mensch ihnen gleichermaßen zustehenden Grundrechte, wie sie durch eine Schutzbereichsbegrenzung herbeigeführt wird, wird hierdurch aber nicht begründet. Die Frage der „freien Ausübung“ ist zudem keine minderjährigen-spezifische. Vgl. hierzu *Wapler*, Kinderrechte und Kindeswohl, S. 91 ff. m.w.N.

190 Gemeint sind hier Rechte, die jedermann zustehen bzw. nicht mit der spezifischen Eltern-Kind-Beziehung zusammenhängen.

geistige und seelische Entwicklung, anspricht.[191] Ob diese Begriffe in der Anwendung zu unterscheiden oder als einheitlich zu verstehende Umschreibung der Elternverantwortung zu begreifen sind und ob dies überhaupt einen Unterschied macht, ist umstritten.[192] Viel spricht für die differenzierende Ansicht von *Kießling*[193]: Diese stellt richtigerweise heraus, dass wegen der Neutralität des Staates zwar nicht in wertebezogenen Fragen, jedoch in solchen der körperlichen und emotionalen Versorgung eine Objektivierung der Beurteilungsmaßstäbe (etwa durch die Forschung der Entwicklungspsychologie) möglich ist. Ob im Einzelfall Pflege- oder Erziehungshandeln vorliegt, ist nach dem Schwerpunkt des Verhaltens abzuwägen. Die unterschiedlichen Beurteilungsmaßstäbe können sich sodann bei der Feststellung der Überschreitung der Eingriffsschwelle des Wächteramts auswirken.

Zudem ist umstritten, ob kindeswohlgefährdende Verhaltensweisen schon nicht in den Schutzbereich des Elternrechts fallen (also eine immanente Begrenzung darstellen) oder erst auf Schrankenebene einen Eingriff ermöglichen.[194] Hiervon zu unterscheiden ist die Frage, ob ein Verhalten im Einzelfall einen hinreichenden Bezug zum Kind aufweist – denn „[n]icht jede Handlung, die sich in irgendeiner Weise auf das körperliche Wohl oder die Entwicklung der Persönlichkeit des Kindes auswirkt, untersteht dem besonderen Schutz des Art. 6 II 1 GG“[195]. Im Ergebnis ist dies aber keine Spezialfrage des Art. 6 Abs. 2 S. 1 GG, sondern eine allgemeinverfassungsdogmatische der Schutzbereichsabgrenzung.

Tatsächlich spricht vieles dafür, nicht nur einen eindeutigen Kindesbezug, sondern einen Kindes*wohl*bezug des Verhaltens zu fordern, den Schutzbereich also insofern immanent zu begrenzen.[196] Denn aus Art. 6

---

191 *Kießling*, Das Recht der öffentlichen Gesundheit, 4. Teil C. II. 2. a); *Wapler*, Kinderrechte und Kindeswohl, S. 110 f.

192 Gegen eine Unterscheidung statt vieler *Wapler*, Kinderrechte und Kindeswohl, S. 111 m.w.N.

193 *Kießling*, Das Recht der öffentlichen Gesundheit, 4. Teil C. II. 2. a), b) bb) (1) m.w.N.

194 Dafür etwa *Brosius-Gersdorf*, in: Dreier (Hrsg.), Grundgesetz-Kommentar, Art. 6 GG Rn. 161 ff. Dagegen statt vieler *Kießling*, Das Recht der öffentlichen Gesundheit, 4. Teil C. II. 2. a); *Wapler*, Kinderrechte und Kindeswohl, S. 125 f. m.w.N.

195 *Kießling*, Das Recht der öffentlichen Gesundheit, 4. Teil C. II. 2. a).

196 Dies allein sagt freilich noch nichts darüber aus, welche Maßstäbe man an diesen Kindeswohlbezug anlegt. Diese sind auch abhängig von dem Vorliegen von Pflege- oder Erziehungshandeln zu bestimmen, s.o. Hierbei ist insbesondere die mit Art. 6 Abs. 2 GG verbundene Wertentscheidung für ein staatsfernes Aufwachsen der Kinder mildernd zu berücksichtigen.

Abs. 2 S. 1 GG folgen nicht nur ein primäres Bestimmungsrecht und ein weitgehendes Gestaltungsermessen der Eltern, sondern auch eine Pflicht der Eltern gegenüber dem Kind – wie das Bundesverfassungsgericht schon 1958 feststellte, handelt es sich bloß um eine treuhänderische Freiheit, die dem Schutzbedürfnis des Kindes dienen soll.[197] Dies entspricht dem Menschenbild des Grundgesetzes, denn *„[eine] Verfassung, die die Würde des Menschen in den Mittelpunkt ihres Wertesystems stellt, kann bei der Ordnung zwischenmenschlicher Beziehungen grundsätzlich niemandem Rechte an der Person eines anderen einräumen, die nicht zugleich pflichtgebunden sind und die Menschenwürde des anderen respektieren. Das Elternrecht dem Kind gegenüber findet seine Rechtfertigung darin, dass das Kind des Schutzes und der Hilfe bedarf, damit es sich zu einer eigenverantwortlichen Persönlichkeit innerhalb der sozialen Gemeinschaft entwickeln kann, wie sie dem Menschenbild des Grundgesetzes entspricht.“*[198]

Angesichts dieser **Fremdbezogenheit und -nützigkeit** hat – schon im Schutzbereich – eine Vermischung mit individualbezogenen Rechtspositionen zu unterbleiben[199], eine „Aufladung“ des Elternrechts mit deren Individualrechten kann also nicht stattfinden. Dies entspricht auch der dem Grundgesetz zugrundeliegenden[200] Wertung einer normativ-individualistischen Sichtweise, dass sowohl bei der Ermittlung des Kindeswohls als auch der Rechtfertigung von Beschränkungen von Selbstbestimmungsrechten allein die individuellen Interessen des Kindes maßgeblich sind und eine Vermischung mit denen der Eltern oder mit irgendwie gearteten Kollektivinteressen der Familie oder des Staates zu unterbleiben hat.[201] Sähe man dies im Kontext des Art. 6 Abs. 2 GG anders und ermöglichte eine Vermischung mit Individualrechten der Eltern, setzte man sich zudem dem Verdacht aus, das Kind doch eher als Objekt des elterlichen Willens zu betrachten.

Entsprechend macht es bei dem *Sharenting* keinen Unterschied, ob man den geteilten Inhalten künstlerischen Wert beimisst und dadurch Art. 5 Abs. 3 S. 1 GG ins Spiel bringt, oder sie (doch sehr pauschal) explizit

---

197 BVerfGE 24, 119 (144) (Adoption I).

198 BVerfGE 121, 69 (92 f.) (Elterliche Erziehungspflicht) mit Verweis auf BVerfGE 24, 119 (144) (Adoption I).

199 Hierzu allgemein auch *Giesinger,* Zeitschrift für praktische Philosophie 2015, 59 (66) sowie *Kießling,* Das Recht der öffentlichen Gesundheit, 4. Teil C. II. 2. c) aa) und zur Beschneidungsdebatte *Grams,* GesR 2013, 332 (335 f.).

200 So wohl auch *Wapler*, Kinderrechte und Kindeswohl, S. 493.

201 Hierzu *Wapler,* Kinderrechte und Kindeswohl, S. 470 ff., 495.

etwa von Fotomontagen von Anne Geddes abgrenzt[202]. Ebenso wenig können isoliert betrachtet Interessen der Eltern oder der Familie (als Gesamtheit ihrer Mitglieder und deren individueller Interessen) an einer Influencer-Tätigkeit des Kindes durch Ausübung des Elternrechts zu einem Zurücktreten seiner Rechtspositionen führen. Freilich ist es aber durchaus möglich, dass mit diesen fremden Interessen auch ein Interesse des Kindes korrespondiert – und sei es nur, weil mit den Vorteilen für die Eltern oder die Familie als Ganze auch solche für das Kind verbunden sind.[203] Dann ist dieses Interesse des Kindes mit seinen anderen Interessen – zum Beispiel auf Schutz seiner Arbeitskraft oder seines Persönlichkeitsrechts – abzuwägen und hieraus das Kindeswohl abzuleiten.

Ob die **Veröffentlichung von Bildern des Kindes durch die Eltern** überhaupt eine **Ausübung der Elternverantwortung** darstellt – diese Verhaltensweise also überhaupt unter Art. 6 Abs. 2 S. 1 GG fällt –, wird von *Alberts* und *Schimke* mangels Bezugs der Befriedigung des eigenen Geltungsinteresses bzw. der Selbstdarstellung zu dem Kind oder Kindeswohl[204] verständlicherweise in Zweifel gezogen.[205] Dem kann man jedoch (zumindest in dieser Pauschalität) Folgendes entgegenhalten:

Zum Kindesbezug: Dächte man das Kind aus der Situation weg, verlöre diese ihren eigentlichen Sinn.[206] Allein, dass ggf. Eigeninteressen faktisch

---

202 So *Holsten*, epd medien 2020, 3 (5): „nun mal keine Kunst". Freilich kann eine solche Einordnung Auswirkungen auf die (elternrechtsunabhängige!) Anwendung von KUG und DSGVO haben, schließlich sehen § 23 Abs. 1 Nr. 4 KUG und Art. 85 bzw. Erwägungsgrund 153 der DSGVO eine Rechtsgüterabwägung vor. Da die Annahme einer Kunstausübung schon angesichts der repräsentations- und konsumorientierten Ausrichtung der Postings im Regelfall fernliegend sein wird, wird hierauf im Folgenden aber nicht näher eingegangen.

203 Auch *O'Neill*, Influencing the Future, Stanford Law Review Online Dec. 2019, 42 (45) stellt fest: „Perhaps the mom-influencer trend is like gold for children, too. Stauffer describes how her "kids weren't getting what they needed" when she worked outside of her home. Other mom-influencers tell a similar story."

204 Was genau gemeint ist, ist in ihren Ausführungen nicht zweifelsfrei erkennbar; zur Unterscheidung s.o.

205 *Alberts*, Die rechtliche Bewertung der Tätigkeit von Influencern, S. 283 f. jedenfalls im Kontext menschenunwürdiger Darstellung („Hinzukommt, dass eine *solche* Veröffentlichung [...]", Hervorhebung M.L.); *Schimke*, NZFam 2019, 851 (852 m.w.N.) wohl im Allgemeinen.

206 Zu dieser Testfrage, s. *Kießling*, Das Recht der öffentlichen Gesundheit, 4. Teil C. II. 2. a). Als Beispiel für eine fehlende Veränderung der Situation führt sie etwa die die Kinder nur mittelbar betreffende Entscheidung der Eltern für eigenen Tabakkonsum an; hier wird das Elternrecht in aller Regel nicht einschlägig sein.

im Vordergrund der Entscheidung stehen, ändert hieran nichts. Es erschließt sich auch nicht, warum in Bezug auf die Schutzbereichseröffnung zwischen der Entscheidung über eine Veröffentlichung durch die Eltern selbst und durch Dritte unterschieden werden sollte: Ginge es etwa um die Anfertigung und Veröffentlichung von Modelfotos oder auch schlicht von Schulklassenfotos des Kindes, wäre wohl unbestritten, dass die Sorgeberechtigten diese Entscheidung zu treffen haben und dass dies aus ihrer besonderen Stellung zum Kind folgt.

Zum Kindeswohlbezug: Zunächst kann es auch Fälle geben, in denen es Eltern für das Beste für ihr Kind halten, eine Influencer-Karriere für dieses anzustreben oder sich allgemein im Internet zu präsentieren. Hier liegt dann ein klarer subjektiver Bezug zum Kindeswohl vor. Ob auch ein objektiver vorliegt bzw. überhaupt zu prüfen ist, kann hingegen nur in Abhängigkeit davon beantwortet werden, wie intensiv sich die Beeinträchtigung der Rechtsgüter des individuellen Kindes gestaltet. Denn nur für ersichtlich die körperlich-emotionale Entwicklung schädigendes Verhalten existieren objektive Maßstäbe.[207] Solange also ein völliges Außerachtlassen der Kindesinteressen (und damit ein mangelnder Kindeswohlbezug) – etwa, weil die Darstellung im Einzelfall die Würde des Kindes antastet – nicht nachgewiesen werden kann, ist der Schutzbereich des Elternrechts daher eröffnet.

Aus der Rechtfertigung der Fremdbestimmung durch das auszugleichende Entwicklungsdefizit folgt logisch, dass diese treuhänderische Freiheit zurücktritt, wenn das Kind hinreichend reif ist[208]; denn im Moment der Erlangung der Selbstbestimmungsfähigkeit büßt die Vertretung an Legitimation ein und schlägt in eine Zwangsordnung um[209].

Entsprechend der von der Verfassung vorgegebenen schleichenden Funktionsabnahme der elterlichen Sorge, umfasst diese zwar nach **§§ 1626 Abs. 1 S. 2, 1629 Abs. 1 BGB** die Personensorge und die Vermögenssorge sowie die Vertretung in beiden Bereichen; § 1626 Abs. 2 BGB hält sie aber gleichzeitig dazu an, das Kind in Entscheidungsprozesse abhängig von seinem Entwicklungsstand einzubinden und u.a. § 1697a BGB enthält das hierbei zu beachtende Kindeswohlprinzip. Dass das elterliche Bestimmungsrecht nicht um seiner selbst willen, sondern im Interesse des Kindes besteht, belegt auch § 1 SGB VIII, der ein Recht auf Förderung der Entwicklung und Erziehung festschreibt und Art. 6 Abs. 2 GG wieder-

---

207 Hierzu s.o., insb. Fn. 193.

208 So auch BVerfGE 59, 360 (387 f.) (Schülerberater).

209 *Schwerdtner*, NJW 1999, 1525 (1526).

holt. Diese einfachgesetzlichen Normen implizieren damit, was schon das Grundgesetz aufgrund seiner Konzeption vorgibt: Die in §§ 1626 ff. BGB geregelte elterliche Sorge kann den Eltern nur insofern und insoweit Rechte in Bezug auf das Kind übertragen, wie diese auch von der Verfassung gestützt werden.[210]

3. Das Wächteramt des Staates

a. Im Allgemeinen

Der Staat, insbesondere in Gestalt von Jugendamt und Familiengericht, schreitet im **Einzelfall** entsprechend dem in Art. 6 Abs. 2 S. 2 GG festgelegten **Wächteramt** nur im (Not-)Fall einer Kindeswohlgefährdung ein. Die Voraussetzungen hierfür setzen § 1666 Abs. 1 und 2 BGB eben angesichts der auch vor dem Hintergrund der Erfahrungen aus dem Dritten Reich[211] getroffenen Entscheidung für den Elternvorrang sehr hoch an. Erforderlich ist, dass entweder bereits eine erhebliche Schädigung des Wohles des Kindes eingetreten ist oder dass eine solche sich „mit ziemlicher Sicherheit“ voraussagen lässt und die Gefahr hierfür bereits gegenwärtig besteht, also nicht nur ohne nähere Anhaltspunkte für die Zukunft vermutet wird.[212] Dies kann insbesondere der Fall sein, wenn „die eigentlichen Beschützer selbst zur Gefahren- oder Risikoquelle [werden]“[213]. Das „Wohl“ wiederum ist eine Chiffre für alle Interessen des Individuums[214], wobei die Verwirklichung der ihm verbürgten fundamentalen Rechte notwendige Voraussetzung für die des Kindeswohls ist[215]. Insoweit dient die Ausübung des Wächteramtes (auch) dem Grundrechtsschutz des Kindes.[216]

---

210 *Lemmert* im Abschnitt Problemstellung bei OLG Hamm, Beschluss v. 29.11.2019 – II-12 UF 236/19, 12 UF 236/19, MedR 2020, 679.

211 Beispielhaft sei die Pflicht zum Beitritt in die HJ bzw. den BDM genannt, s. *Maier-Bode*, Kindheit unter Hitler, https://www.planet-wissen.de/geschichte/nationalsozialismus/kindheit_im_zweiten_weltkrieg/pwiekindheitunterhitler100.html (zuletzt geprüft am 16.2.2021).

212 *Wapler*, Kinderrechte und Kindeswohl, S. 136 f.

213 *Kießling*, Das Recht der öffentlichen Gesundheit, 4. Teil C. II. 2.

214 Hierzu s. *Wapler*, Kinderrechte und Kindeswohl, S. 495 f. nach vorangehender, überzeugender rechtsphilosophischer Herleitung.

215 *Wapler*, Kinderrechte und Kindeswohl, S. 496 f.

216 So auch *Wapler*, Kinderrechte und Kindeswohl, S. 132: „Letzten Endes aber resultiert auch der Anspruch des Kindes aus dessen Grundrechten, ist das Wächteramt folglich im Kern Grundrechtsschutz.“

Eine Fallgruppe der zum Eingriff berechtigenden (konkreten) Kindeswohlgefährdung stellt die mit einer körperlichen oder geistigen Gefährdung verbundene Ausbeutung der Arbeitsleistung des Kindes dar.[217] Hierbei sind allerdings die §§ 1618a, 1619 BGB zu beachten, welche eine Pflicht des Kindes zu Beistand und Rücksicht sowie Mitarbeit in Haushalt und Geschäft aufstellen[218]. Die Grenzziehung in diesem Bereich kann sich in der Praxis sehr schwierig gestalten, schließlich bereitet schon die Definition der Arbeit Probleme und die Schwelle zur Feststellung einer (pflichtausschließenden) Gefährdung ist hoch angelegt.[219] Hinzu tritt ein praktisches Problem, welches sich fast automatisch aus der geschilderten Kompetenzverteilung zwischen Eltern und Staat ergibt und mit dem Komplex des Zugangs zum Recht zusammenhängt: Im Bereich der Arbeit muss das Kind ungerechtfertigten Anordnungen der Eltern zwar nicht folgen, das Familiengericht wird aber eben erst bei einer Kindeswohlgefährdung einschreiten.[220] Eine weitere in diesem Zusammenhang interessierende Fallgruppe ist die Überforderung des Kindes, zum Beispiel durch eine Umkehrung der Verantwortungsbeziehung zwischen Kind und Eltern, einen Rollentausch[221] oder die Nutzung moderner Medien[222].

Neben der Ausübung des Wächteramts im konkreten Einzelfall existieren für abstrakt als gefährlich identifizierte Entscheidungen **gesetzliche Einschränkungen des weiten Elternrechts** als typisierende Ausübung des Wächteramts.[223]

So existieren neben Entscheidungen im Bereich der Vermögenssorge, in denen die Eltern das Kind wegen drohender Interessenkonflikte rechtsge-

217 *Coester*, in: Staudinger BGB, § 1666 BGB Rn. 101.

218 Zur Problembehaftetheit des § 1619 BGB, welcher ausweislich seiner Voraussetzungen mehr auf der überkommenen Vorstellung von einem familiären Herrschaftsverhältnis als auf Solidarität beruht, vgl. *von Sachsen Gessaphe*, in: MüKo-BGB, § 1619 Rn. 2.

219 Hierzu bzgl. Persönlichkeitsrechtsgefährdungen s.u., IV.5.b.aa.

220 *Coester*, in: Staudinger BGB, § 1619 Rn. 44.

221 *Burghart*, in: BeckOGK, § 1666 BGB Rn. 65 (Stand 1.5.2021) mit explizitem Vergleich mit ungeeigneter körperlicher Arbeit; OLG Karlsruhe NZFam 2017, 1132 (Rn. 43, 46).

222 *Veit*, in: BeckOK BGB, § 1666 BGB Rn. 67 f. (Stand 1.11.2019) mit Verweis auf DIJuF, JAmt 2017, 426. Dieses nimmt eine Kindeswohlgefährdung im Einzelfall, je nach Ausmaß der Veröffentlichung, insbesondere bei äußerst privaten Szenen an.

223 Wenngleich die Eltern immer noch freier agieren können als ein Vormund, wie ein Vergleich mit § 1822 Nrn. 6 und 7 BGB, auf die für die Eltern nicht verwiesen wird, zeigt.

schäftlich nicht vertreten können (§ 1629 Abs. 2 i.V.m. § 1795 BGB, etwa Geschäfte mit sich selbst oder den Großeltern) oder die zur Kontrolle besonders schwerwiegender Entscheidungen von einer familiengerichtlichen Genehmigung abhängig sind (§ 1643 Abs. 1 und 2, etwa Grundstücksverfügungen), auch Handlungen, die schlichtweg untersagt sind (zum Beispiel Ausübung von Gewalt, § 1631 Abs. 2 BGB oder Sterilisation, § 1631c S. 1 BGB, aber auch grundsätzlich Schenkungen aus dem Vermögen des Kindes, § 1641 Abs. 1 BGB). Weitere Einschränkungen existieren durch die allgemeine Schulpflicht, im Jugendstrafrecht und dem Gesetz zum Schutz der arbeitenden Jugend (JArbSchG) – zu letzterem später mehr.

b. Im Speziellen: Das Recht auf gewaltfreie Erziehung

Das in § 1631 Abs. 2 S. 1 BGB explizit niedergeschriebene, in den Grundrechten des Kindes aber natürlich bereits angelegte Recht auf gewaltfreie Erziehung bezieht sich schon ausweislich S. 2 nicht nur auf körperliche, sondern auch auf seelische Verletzungen und andere entwürdigende Maßnahmen. Von letzteren werden jegliche „Maßnahmen, die das Ehr- und Selbstwertgefühl des Kindes in einem […] nicht zu rechtfertigendem Maße verletzen“[224] erfasst, sofern sie objektiv geeignet sind, zu seelischen Verletzungen zu führen (unabhängig von dem tatsächlichen Empfinden des Kindes)[225]. In diesem Sinne entwürdigend kann auch die Veröffentlichung von Fotos des Kindes sein[226], wobei dies wohl insbesondere bei Aufnahmen besonders sensibler, weil intimer Momente oder gemeinhin als „peinlich“ empfundenen und dementsprechend ein gewisses Mobbingpotenzial aufweisenden Aufnahmen der Fall sein wird. Zuwiderhandlungen der Eltern werden nicht durch den in erster Linie mit einer bloßen Appellfunktion[227] ausgestatteten § 1631 Abs. 2 BGB selbst, sondern mittels der §§ 1666, 1666a BGB, ggf. auch durch Schadensersatzansprüche aus § 823 Abs. 2 BGB sanktioniert.[228]

---

224 BT-Drs. 8/2788, S. 35.

225 BAG NJW 2012, 3674 Rn. 18 m.w.N.

226 *Gounalakis/Rhode*, FF 2002, 202 (204 f.); zustimmend *Veit*, in: BeckOK BGB, § 1631 BGB Rn. 24.1. (Stand 1.5.2020).

227 *Huber*, in: MüKo BGB, § 1631 BGB Rn. 27 m.w.N.

228 S. hierzu *Huber*, in: MüKo BGB, § 1631 BGB Rn. 28 ff.

c. Im Speziellen: Die elterliche Sorge bei kindlichem Erwerbsgeschäft und Vermögen

Ebenfalls über §§ 1666, 1666a BGB und/oder eine Haftung gegenüber Dritten (vgl. hierzu auch § 1664 BGB) indirekt sanktioniert werden Verstöße gegen die vermögensschützenden Regelungen der §§ 1645 oder 1649 BGB.

§ 1645 BGB bestimmt, dass die Eltern nicht ohne Genehmigung des Familiengerichts ein neues Erwerbsgeschäft im Namen des Kindes beginnen *sollen*.[229] Im Gegensatz zu § 1643 Abs. 1 i.V.m. § 1822 Nr. 3 BGB, die die Gründung einer Gesellschaft – die mit der Gründung eines Erwerbsgeschäfts ggf. verbunden sein kann – einem Genehmigungs*erfordernis* unterwerfen, handelt es sich bei § 1645 BGB um eine bloße Ordnungsvorschrift[230], deren Nichteinhaltung, wie erwähnt, bloß indirekt sanktioniert wird. Gleichwohl wird nicht nur der Rechtsverkehr vor Strohmanngeschäften nicht-liquider Eltern, sondern als Sonderfall der elterlichen Vermögenssorge insbesondere auch das Kind(-esvermögen) durch diese Norm geschützt.

Inwiefern diese Soll-Vorschrift im Influencer-Alltag eingehalten wird, kann hier nicht abschließend beurteilt werden. Allein die Tatsache, dass die Tätigkeit vielfach als bloßes (wenn auch gut bezahltes) „Hobby" angesehen wird, lässt dies zumindest zweifelhaft erscheinen. Zudem brächte eine solche „offizielle Gründung" eines Erwerbsgeschäfts in diesem Zusammenhang auch nur Nachteile, da das Überschreiten der Grenze zwischen Hobby und Arbeit quasi eingestanden würde und mangels Instellungbringen des § 112 BGB die Anwendbarkeit des JArbSchG angesichts der Steuerung durch die Eltern zumindest relativ wahrscheinlicher erschiene.[231]

§ 1649 BGB wiederum betrifft im Zusammenspiel mit § 1642 BGB direkt die Verwaltung des Kindesvermögens durch die Eltern, im Zusammenspiel mit § 1602 Abs. 2 BGB ihre Unterhaltspflicht. § 1642 BGB bestimmt, dass Eltern verpflichtet sind, das ihrer Verwaltung unterliegende Geld des Kindes nach den Grundsätzen einer wirtschaftlichen Vermögensverwaltung anzulegen, soweit es nicht zur Bestreitung von Ausgaben

---

229 Ist mit dieser Gründung eines Erwerbsgeschäftes eine Gesellschaftsgründung verbunden, ist zusätzlich eine Genehmigung gem. § 1643 Abs. 1 i.V.m. § 1822 Nr. 3 BGB erforderlich.

230 So auch *Huber*, in: MüKo BGB, § 1645 BGB Rn. 9 ff. und *Veit*, in: BeckOK BGB, § 1645 BGB Rn. 74 (Stand 1.5.2021).

231 En detail hierzu s.u., D.V.2.c.bb.

bereitzuhalten ist. Letztgenanntes kann zum Beispiel für den Erhalt des Kindesvermögens oder den Kindesunterhalt erforderlich sein. Im Hinblick auf den Kindesunterhalt ergeben sich jedoch schon durch §§ 1648, 1649 Abs. 1 und § 1602 Abs. 2 BGB Einschränkungen. Hiernach ist die Verwendung des Kindesvermögens i.S.d. Vermögensstammes für seinen Unterhalt *ultima ratio*, der Vermögensstamm ist grundsätzlich zu erhalten. Entsprechend ermöglicht § 1649 BGB eine Verwendung des Kindesvermögens i.w.S. nur nach dem folgenden Stufenverhältnis:

Auf Stufe 1 sind Einkünfte aus dem (nach § 1642 BGB anzulegenden) Stammvermögen – zum Beispiel Zinsen oder Dividenden – vorrangig für die Vermögensverwaltung zu verwenden (§ 1649 Abs. 1 S. 1 BGB).

Soweit die Einkünfte aus dem Stammvermögen hierfür nicht erforderlich sind, können sie auf Stufe 2 auch für den Kindesunterhalt verwendet werden (§ 1649 Abs. 1 S. 2 BGB). Soweit die Vermögenseinkünfte für den Unterhalt des Kindes nicht ausreichen, können hiernach auch sonstige Einkünfte des Kindes durch seine Arbeit oder den selbstständigen Betrieb eines Erwerbsgeschäfts gem. § 112 BGB hierfür verwendet werden. Sowohl Einkünfte aus Vermögen als auch aus Arbeit bzw. Erwerbsgeschäft mindern hierbei die Bedürftigkeit des Kindes und können gem. § 1602 Abs. 2 BGB die Unterhaltspflicht der Eltern auch entfallen lassen.[232]

Auf Stufe 3 können schließlich zur Vermögensverwaltung und für den Kindesunterhalt nicht benötigte Einkünfte aus dem Kindesvermögen für den eigenen Unterhalt der Eltern und der minderjährigen Geschwister des Kindes verwendet werden, sofern dies unter Berücksichtigung der Einkommens- und Vermögensverhältnisse der Billigkeit entspricht (§ 1649 Abs. 2 BGB). Hierdurch sollen innerfamiliäre Differenzen im Lebensstandard vermieden werden.[233] Gleichzeitig wird durch die Nachrangigkeit der Verwendung sonstiger Einkünfte zur Bestreitung des Kindesunterhalts (s.o., § 1649 Abs. 1 S. 2 BGB) sichergestellt, dass die Eltern nicht die sonstigen Einkünfte für den Kindesunterhalt und die Vermögenseinkünfte für sich selbst verwenden.

Inwiefern die Deckung des Finanzbedarfs der Familie nach Aufgabe des eigenen Berufs durch die Eltern mit diesem Stufenverhältnis vereinbar

---

232 Eine Erwerbsobliegenheit besteht jedoch bei minderjährigen Kindern nur, soweit diese nicht mehr den Beschränkungen des JArbSchG oder der Schulpflicht unterfallen und sich auch nicht mehr in der Ausbildung befinden. Siehe hierzu *Reinken*, in: BeckOK BGB, § 1602 BGB Rn. 102 ff. m.w.N. (Stand 1.5.2021).

233 *Becker*, in: BeckOGK, § 1649 BGB Rn. 3, 15 (Stand 1.1.2021).

ist, ist anhand des jeweiligen Einzelfalls zu beurteilen. Grundsätzlich sind folgende Punkte zu beachten:

1. Eine Unterhaltspflicht des Kindes gegenüber seinen Geschwistern besteht schon dem Grunde nach nicht, gegenüber seinen gem. §§ 1601, 1609 Nr. 6 BGB grundsätzlich berechtigten Eltern wird sie in aller Regel schon mangels Bedürftigkeit gem. § 1602 BGB ausscheiden. Dieser ist Ausdruck der Eigenverantwortung[234] und führt dazu, dass jeder grundsätzlich selbst für seinen Unterhalt durch Erwerbstätigkeit zu sorgen hat. Auch ein Berufen auf die Notwendigkeit der Versorgung und Unterstützung des (im Influencer-Marketing tätigen) Kindes ändert hieran nichts: Erstens existiert für diesen Bereich der Kinderbetreuung keine Ausnahmevorschrift nach dem Vorbild des § 1615l BGB (Unterhaltsanspruch von Mutter und Vater aus Anlass der Geburt), zweitens ergäbe sich durch ein Zulassen dieser Argumentation ein Teufelskreis bzw. ein argumentativer Zirkelschluss: Die elterliche Unterstützung wäre hiernach Voraussetzung für das Erwerbsgeschäft bzw. die Arbeit des Kindes, welche/s wiederum durch diese sowohl bedingt ist als auch diese notwendig macht und zugleich zur Leistungsfähigkeit führt.
2. Ist das Kind in einem hohen Maße erfolgreich, kann es sein, dass es bereits ein gewisses Vermögen aufbauen konnte, welches wiederum selbst zu so hohen Einkünften führt, dass theoretisch sowohl das Kind als auch seine Familie dadurch versorgt werden können. Dies ist dann auch praktisch möglich, soweit eben nicht die Priorität des Einsatzes dieser Einkünfte zur Vermögensverwaltung dazwischentritt und sonstige Einkünfte für den Kindesunterhalt angetastet werden müssen. Letztere können dann sukzessive wiederum dem Vermögen zugeführt werden, womit natürlich auf lange Sicht eine Steigerung der verwendungsfähigen Einkünfte aus Vermögen verbunden sein wird.
3. Zumindest theoretisch denkbar ist es zudem, dass Eltern versuchen, die geschilderte Priorität zu umgehen, indem sie ihre eigenen Tätigkeiten der Vermögenssorge zu solchen der entgeltlichen Vermögensverwaltung umdeklarieren und so nach erster Priorität (§ 1649 Abs. 1 S. 1 BGB) Zugriff auf die Einkünfte erlangen. Auf diese Weise wäre auch ein verfrühter Zugriff auf sonstiges Einkommen des Kindes zur Deckung des kindlichen Unterhaltsbedarfs möglich. Dies ist jedoch abzulehnen. Die in den einschlägigen Kommentierungen aufgeführten

234 *Reinken*, in: BeckOK BGB, § 1602 BGB Rn. 4 (Stand 1.5.2021).

Beispiele für Kosten der Vermögensverwaltung wie Zinsen, Versicherungen, Reparaturen, Depotgebühren und Lasten[235] sprechen für einen notwendigerweise engen Zusammenhang mit dem Vermögen bzw. seiner Anlage selbst; zudem sind die Pflichten der Eltern zur Vermögenssorge originäre, sie stehen nicht in einem Austauschverhältnis und können nicht ohne Weiteres zu einem solchen umetikettiert werden. Auch aus § 1648 BGB ergibt sich nichts anderes. Dieser spricht den Eltern zwar einen Anspruch auf Ersatz der bei der Ausübung der Personen- und Vermögenssorge gemachten Aufwendungen zu, ist jedoch wegen eines Umkehrschlusses aus § 1835 Abs. 3 BGB weder für die aufgewendete Zeit noch bei Diensten, die zu Gewerbe oder Beruf der Eltern gehören, anwendbar.[236]

4. Von letztgenannter Konstellation abzugrenzen sind solche Fälle, in denen die Eltern gewissermaßen als Angestellte des Kindes tätig sind, zum Beispiel als Manager. Analog zur vorzunehmenden Abgrenzung in dem Bereich des sog. Hauskindparagraphen[237] ist auch hier zwischen familienrechtlicher Mitarbeit und einem abhängigen Beschäftigungsverhältnis mit Entgeltzahlung zu differenzieren, wobei insbesondere die originäre verfassungsrechtliche Pflicht der Eltern zur umfassenden Sorge als Ausgangspunkt zu nehmen ist. Zudem ist bei Abschluss eines solchen Managervertrages § 1629 Abs. 2 S. 1 i.V.m. § 1795 Abs. 3 i.V.m. § 181 BGB zu beachten.
5. Mangels tiefergehender Einsicht in die privaten, insbesondere finanziellen Verhältnisse von Influencer-Familien lassen sich hier keine näheren Aussagen zur Beachtung dieser Maßgaben durch diese bei der Finanzierung ihres Lebensunterhalts treffen. In jedem Fall sollte die Trennung von Eltern- und Kindesvermögen und die Einhaltung der geschilderten Stufenfolge gerade in Fällen der Aufgabe des elterlichen Berufes durch die zuständige Behörde besonders kontrolliert werden.

---

235 Vgl. *Becker*, in: BeckOGK, § 1649 BGB Rn. 11 (Stand 1.1.2021); *Huber*, in: MüKo BGB, § 1649 BGB Rn. 11; *Veit*, in: BeckOK BGB, § 1649 Rn. 3 (Stand 1.11.2019).

236 Hierzu *Huber*, in: MüKo BGB, § 1645 Rn. 5 und *Veit*, in: BeckOK BGB, § 1648 Rn. 3 (Stand 1.5.2021), jeweils m.w.N.

237 Hierzu s.u., D.V.2.a.

d. Das Recht auf einen „lastenfreien“ Start sowie das Verhältnis von Feststellungen von Kindeswohlgefährdungen im Einzelfall und aufgrund spezieller Normierungen

Die gem. **§ 1629a BGB** bestehende – durch das Bundesverfassungsgericht beauftragte[238] – Beschränkung der Minderjährigenhaftung hingegen beschränkt nicht die Eltern in ihrer Vertretungsmacht, sondern die Rechte der Gläubiger gegen das Kind nach Erreichen der Volljährigkeit, sodass dieses für Verbindlichkeiten, die durch die Vertretung der Eltern entstanden sind, nur mit seinem Vermögen haftet[239]. Durch diese wirtschaftliche, nicht rechtliche Beschränkung der Vertretungsmacht[240] wird ein schuldenfreier Start in das Erwachsenenleben ermöglicht, denn es „*wird* [...] *das Recht auf individuelle Selbstbestimmung berührt, wenn Eltern ihre minderjährigen Kinder* [...] *finanziell verpflichten können. Hierdurch können in erheblichem Maße die Grundbedingungen freier Entfaltung und Entwicklung und damit nicht nur einzelne Ausformungen allgemeiner Handlungsfreiheit, sondern die engere persönliche Lebenssphäre junger Menschen betroffen werden*“[241].

Ein **„lastenfreier“ Start** im Hinblick auf das Persönlichkeitsrecht wird im Gegensatz zu den entsprechenden, auf Vermögensgefährdungen ausgerichteten familienrechtlichen Regelungen in § 1629 Abs. 2 i.V.m. § 1795 / § 1643 Abs. 1 i.V.m. §§ 1821, 1822, § 1643 Abs. 2 / § 1629a BGB nicht geschützt.[242] Dieses Überwiegen des vermögensrechtlichen Schutzes ist auf den Entstehungskontext der familienrechtlichen Regelungen des 1900 in Kraft getretenen BGB zurückzuführen: Das Recht bildete hier nicht die Realität ab, sondern ignorierte sie, indem dem Leitbild der bürgerlichen Kleinfamilie gefolgt wurde; die Sorge in ökonomischen Belangen war aber nur für einen kleinen Kreis relevant.[243] Zudem sind in vermögensrechtlichen Sachverhalten abstrakte Gefährlichkeitswirkungen wohl einfacher

---

238 BVerfGE 72, 155.

239 Die Kritik hieran zusammenfassend *Glöckner*, FamRZ 2000, 1397.

240 Diese Beschränkung rührt daher, dass die andere Vertragspartei angesichts des Risikos der Haftungsbeschränkung bei Einredeerhebung ggf. Abstand von einem Vertragsschluss nehmen wird.

241 BVerfGE 72, 155 (170 f.).

242 Vgl. auch *Götz*, FamRZ 2019, 573 (575). In Bezug auf §§ 1643 Abs. 1, 1821, 1822 BGB auch *Beater*, JZ 2013, 111 (118), der eine analoge Anwendung auf Persönlichkeitsrechtsangelegenheiten nach eingehender Analyse richtigerweise ablehnt.

243 *Plewig*, in: Steindorff (Hrsg.), Vom Kindeswohl zu den Kindesrechten (1994), S. 7, 12.

festzustellen als in persönlichkeitsrechtlichen, bei denen angesichts ihres unmittelbaren sozialen Zusammenhangs stets auf die Umstände des Einzelfalls abzustellen ist – auch, um das Zusammenleben nicht unbotmäßig zu verrechtlichen.[244] An dieser Stelle ist ebenfalls zu beachten, dass die Hineinwirkung des ethischen Rechts des Kindes auf eine offene Zukunft in sein Allgemeines Persönlichkeitsrecht nur die hierfür erforderlichen Minimalbedingungen umfasst (s.o. unter D. II. 1.).

Alle genannten Aspekte können aber nicht darüber hinwegtäuschen, dass das aufgezeigte System von abstrakten und konkreten Kindeswohlgefährdungen angesichts des zwar (im Hinblick auf das Elternrecht) zurückhaltend auszuübenden, aber (im Hinblick auf den Schutzanspruch des Kindes) auch effektiv zu verwirklichenden Wächteramts gebieten kann, **präventiv wirkende Schutzmechanismen** zu implementieren. Schon das Bundesverfassungsgericht entschied, dass ein Missbrauch des elterlichen Erziehungsrechts zwar „[i]n der Regel […] nur im Einzelfall"[245] festzustellen sei, dieser Vorrang der Einzelfallbeurteilung aber ein *generelles* gesetzliches Verbot bestimmter Verhaltensweisen dann nicht ausschließe, wenn „individuelle Maßnahmen nicht ausreichen, generelle Maßnahme also das gebotene und adäquate Mittel sind, um die Gefährdung abzuwehren"[246].

Bei diesen aus Sicht des Elternrechts getroffenen Aussagen darf man jedoch, wenn man das Wächteramt ernst nimmt, nicht stehen bleiben. Nicht nur, dass Exekutive und Judikative angesichts des völlig unbestimmten Kindeswohl- und Kindeswohlgefährdungsbegriffs vor dem Hintergrund des Vorbehalts des Gesetzes und des rechtsstaatlichen Bestimmtheitsgebots[247] ein gewisser Rahmen an die Hand gegeben werden muss und auch Eltern von mehr Rechtsklarheit profitieren. Insbesondere sind manche Situationen derart gestrickt, dass ein Sachverhalt so unübersichtlich ist, dass eine vollständige Aufklärung vieler Einzelfälle zu viele staat-

---

244 Auch *Rake*, FamRZ 2020, 1064 (1066) geht wohl davon aus, dass eine abstrakte Gefährlichkeitswirkung in Bezug auf persönlichkeitsrechtliche Sachverhalte nicht existiert.

245 BVerfGE 7, 320 (323); bestätigt durch u.a. BVerfGE 24, 119 (145).

246 BVerfGE 7, 320 (324).

247 Dies ist in gewisser Weise vergleichbar mit polizei- und ordnungsrechtlichen Maßnahmen, für die es ab einer bestimmten Quantität und Qualität von Sachverhalt und Eingriff einer speziellen Ermächtigungsgrundlage abseits der Generalklausel bedarf. Zur Problematik des Begriffs der Kindeswohlgefährdung vor dem Hintergrund des rechtsstaatlichen Bestimmtheitsgebots angesichts seiner großen Bedeutung für die Begründung von Eingriffsbefugnissen, s. *Wapler*, Kinderrechte und Kindeswohl, S. 135.

liche Ressourcen bindet und/oder eine (in der Regel nachträgliche) Reaktion des Staates zu spät kommt. Aus einer stärker kind- und kinderschutzzentrierten Betrachtungsweise ergibt sich daher: Sobald sich das Kind abstrakt gefährdende, wiederkehrende Verhaltensweisen zeigen, bei denen das Eintreten konkreter Gefährdungen überaus wahrscheinlich ist, und denen durch solche Mechanismen in verhältnismäßiger Weise abgeholfen werden kann, sind diese in den Katalog der abstrakten Gefährdungen aufzunehmen. Dies leistet einen Betrag sowohl zum Kindesschutz als auch zur Rechtsklarheit insbesondere für Eltern.

Hiermit soll ausdrücklich nicht grundsätzlich unterstellt werden, dass die Erziehungskompetenz von Eltern in jüngerer Zeit abnehme[248] und davon ausgehend ein Bündel neuer Maßnahmen gefordert werden. Immer wieder ans Licht tretende „spektakuläre (Missbrauchs-)Fälle" oder die durch Reality-TV oder soziale Medien in die Öffentlichkeit tretenden fragwürdigen Erziehungsmethoden sind hierfür ebenso wenig eine tragfähige Basis wie zum Beispiel die Zahl mutmaßlicher Kindeswohlgefährdungen – Stichwort: Aufhellung des Dunkelfeldes.[249] Was aber festgestellt werden kann, ist, dass insbesondere durch den technischen oder gesellschaftlichen Fortschritt nicht nur dem Kindeswohl zuträgliche neue Situationen entstehen und dass staatliche Stellen entweder schon aufgrund der Wertungsoffenheit des Kindeswohlbegriffs oder auch angesichts anderweitiger juristischer Unklarheiten divergierende Entscheidungen treffen, die sich nicht (allein) aus Unterschieden zwischen den Einzelfällen erklären lassen. In diesem Sinne steht der Staat (in Gestalt der Legislative) vor allem aufgrund seiner im Wächteramt verankerten Schutzaufgabe in der Pflicht, diese Entwicklungen erforderlichenfalls auch gesetzlich zu begleiten.

III. Das Recht am eigenen Bild

1. §§ 22 ff. KUG

Bildnisse dürfen nach § 22 S. 1 KUG nur mit Einwilligung des Abgebildeten verbreitet oder öffentlich zur Schau gestellt werden, wobei die Einwilligung gem. S. 2 im Zweifel als erteilt gilt, wenn der Abgebildete dafür, dass er sich abbilden ließ, eine Entlohnung erhielt.

248 So aber *Hölbling*, Wie viel Staat vertragen Eltern, S. 31 ff.

249 Vgl. hierzu schon *Wapler*, Kinderrechte und Kindeswohl, S. 138 ff.

Dieses Einwilligungserfordernis als Realisierung des Rechts am eigenen Bild ist Ausprägung des Allgemeinen Persönlichkeitsrechts des Art. 2 Abs. 1 i.V.m. Art. 1 Abs. 1 GG. Schutzgut ist das Selbstbestimmungsrecht des Individuums über die Darstellung im Bild (nicht hingegen die Entscheidung über die Aufnahme an sich).[250] Die in den §§ 23, 24 KUG geregelten Ausnahmen von dem Einwilligungserfordernis sind vor allem für die Medien relevant; für Situationen, die typischerweise in sozialen Netzwerken geteilt werden, kommen sie nur ganz ausnahmsweise in Betracht.

Die in diesem Kontext relevantesten Konsequenzen eines Verstoßes gegen §§ 22, 23 KUG sind der Unterlassungsanspruch aus § 1004 Abs. BGB analog i.V.m. § 823 Abs, 2 BGB i.V.m. §§ 22, 23 KUG sowie eine Freiheits- oder Geldstrafe aus § 33 KUG.

a. Bildnis

Ein Bildnis liegt entsprechend dem Schutzgut vor, wenn die abgebildete Person als solche erkennbar ist.[251] Das Merkmal der Erkennbarkeit wird sehr weit ausgelegt – sowohl in Bezug auf den erkennenden Adressaten (es genügt, wenn ein Mitglied des Bekanntenkreises mit immerhin genauerer Kenntnis der Person diese identifiziert) als auch auf die vermittelnden Merkmale.[252]

b. Handlungsalternativen

Das Verbreiten bezieht sich nach wohl herrschender Meinung nur auf körperliche Exemplare, findet dafür aber auf jede Art der Weitergabe – auch im privaten Bereich – Anwendung.[253] Das öffentliche Zurschaustellen hingegen ist die mediumsunabhängige Sichtbarmachung gegenüber einer Mehrzahl von Personen eines nicht abgegrenzten Kreises ohne per-

---

250 *Götting*, in: Schricker/Loewenheim (Hrsg.), Urheberrecht, § 22 KUG Rn. 7.

251 Statt vieler BGH NJW 1979, 2205.

252 *Fritzsche/Knapp*, FamRZ 2019, 1905 (1906 m.w.N.); *Herrmann*, in: BeckOK Informations- und Medienrecht, § 22 KUG Rn. 4 ff. (Stand 1.5.2021).

253 *Engels*, in: BeckOK Urheberrecht, § 22 KunstUrhG Rn. 51 (Stand 1.5.2021); *Specht*, in: Dreier/Schulze (Hrsg.), Urheberrecht, § 22 KUG Rn. 9; anders *Fricke*, in: Wandtke/Bullinger (Hrsg.), Praxiskommentar zum Urheberrecht, § 22 KUG Rn. 8.

sönliche Verbindung, ohne dass das Publikum die Verfügungsgewalt über das Bildnis erhält.[254]

In Bezug auf soziale Netzwerke ist umstritten, welche Handlungsform zutrifft. Schließlich stammt das Kunsturhebergesetz aus einer Zeit, in der die aktuellen technischen Möglichkeiten bei Weitem noch nicht absehbar waren. Probleme bereiten hier (bei dem Verbreiten) die fehlende Körperlichkeit des digitalen Exemplars einerseits und (bei der öffentlichen Zuschaustellung) die Definition der Öffentlichkeit andererseits. Von der hieraus folgenden Einordnung hängt die Reichweite des Schutzes maßgeblich ab, schließlich liegt nur bei Annahme einer der Alternativen eine einwilligungspflichtige Handlung vor und der Abgebildete wird durch § 22 S. 1 KUG geschützt.

Teilweise wird angenommen, es könne sich bei dem Posten eines Bildnisses wegen der fehlenden Körperlichkeit lediglich um ein öffentliches Zurschaustellen handeln.[255] Konsequenz ist, dass ein Hochladen für oder Schicken an einen abgegrenzten (daher nicht öffentlichen) Personenkreis nach der gängigen Definition hiervon nicht umfasst ist und damit keiner Einwilligung bedarf. Andere stimmen dem grundsätzlich zu, legen den Begriff der Öffentlichkeit aber wegen der starken persönlichkeitsrechtlichen Ausprägung des Rechts am eigenen Bild und der Tatsache, dass zum Beispiel eine Facebook-Freundschaft nicht zwingend ein Zeichen persönlicher Verbundenheit darstellt[256], (etwas) weiter aus.[257]

Überzeugender erscheint eine weite Auslegung des Verbreitungsbegriffs, wonach auch die Weitergabe einer digitalen Kopie erfasst wird.[258] Dessen Konsequenz ist, dass der Adressatenkreis gerade kein unbegrenzter sein muss, die Abgebildete also zulasten des Verbreitenden stärker geschützt wird. Zumindest im digitalen Kontext erscheint dies sowohl nötig als auch gerechtfertigt: Mit dem Hochladen oder Verschicken eines Fotos

---

254 *Engels*, in: BeckOK Urheberrecht, § 22 KunstUrhG Rn. 54 (Stand 1.5.2021); *Specht*, in: Dreier/Schulze (Hrsg.), Urheberrecht, § 22 KUG Rn. 10 f.; *Fricke*, in: Wandtke/Bullinger (Hrsg.), Praxiskommentar zum Urheberrecht, § 22 KUG Rn. 9.

255 *Engels*, in: BeckOK Urheberrecht, § 22 KunstUrhG Rn. 54.1 (Stand 1.5.2021); implizit auch *Brost/Rodenbeck*, AfP 2016, 495 (499 f.).

256 So auch *Götting*, in: Schricker/Loewenheim (Hrsg.), Urheberrecht, § 22 KUG Rn. 37.

257 *Specht*, in: Dreier/Schulze (Hrsg.), Urheberrecht, § 22 KUG Rn. 10a.

258 *Fricke*, in: Wandtke/Bullinger (Hrsg.), Praxiskommentar zum Urheberrecht, § 22 KUG Rn. 8 m.w.N.; *Fritzsche/Knapp*, FamRZ 2019, 1905 (1906); *Rake*, FamRZ 2020, 1064 (1065); *Vetter*, AfP 2017, 127 (129 f.).

geht ein mit dem Aus-der-Hand-geben eines körperlichen Exemplars mindestens vergleichbarer Kontrollverlust einher, begründet sowohl durch die Nutzungsbedingungen der Netzwerke als auch durch die eröffnete Möglichkeit der kostenlosen, schnellen, weltweiten Versendung und die stark begrenzten Rückruf- und Löschungsmöglichkeiten.[259]

c. Einwilligung

aa. Rechtsnatur

Die Rechtsnatur der Einwilligung ist umstritten. Vertreten wird das gesamte Spektrum von der Annahme eines Realaktes (BGH; wendet trotzdem die Grundsätze zur Auslegung von Willenserklärungen an[260]), über eine rechtsgeschäftsähnliche Handlung[261], bis zu einer Willenserklärung (h.L.[262]).[263]

Die Uneinigkeit hängt damit zusammen, dass man die Einwilligung in diesem Kontext gleichberechtigt sowohl als vermögensrelevante Verwirklichung und Ausübung der Privatautonomie in rechtlichen Beziehungen[264] als auch als Disposition über ein Persönlichkeitsgut verstehen kann. Dies wird auch durch einen Vergleich mit der Deutung des Begriffs der Einwilligung im medizinischen Kontext ersichtlich: Dort nimmt die h.M. keine Willenserklärung bzw. rechtsgeschäftliche Verfügung an, sondern einen Realakt bzw. eine geschäftsähnliche Handlung. Denn während es im Regelungskontext des KUG um das Persönlichkeitsrecht geht, dreht sich das Einwilligungserfordernis des § 630d BGB um die Selbstbestimmung über die körperliche Unversehrtheit in einem Vertrauensverhältnis, bei dem der Patient im Fokus steht – also um eine Rechtsbeziehung, die nicht ist wie jede andere. Wenngleich die körperliche Unversehrtheit mittelbar

---

259 Dies verkennend *Schimke*, NZFam 2019, 851 (855), die den Schutzzweck im privat-familiären Bereich nicht als berührt ansieht.

260 BGH NJW 1980, 1903; *Rake*, FamRZ 2020, 1064 (1065 f.).

261 *Alberts*, Die rechtliche Bewertung der Tätigkeit von Influencern, S. 292.

262 *Brost*, Das Persönlichkeitsrecht von Minderjährigen, S. 126; *Fritzsche/Knapp*, FamRZ 2019, 1905 (1907); *Rake*, FamRZ 2020, 1064 (1064 f.); *Vetter*, AfP 2017, 127 (130) jeweils m.w.N.

263 Gute Übersicht über den Streitstand bei *Götting*, in: Schricker/Loewenheim (Hrsg.), Urheberrecht, § 22 KUG Rn. 39 ff.

264 *Götting*, in: Schricker/Loewenheim (Hrsg.), Urheberrecht, § 22 KUG Rn. 39.

Vermögenswert haben kann[265], weist sie aufgrund ihrer existenziellen Bedeutung eine große Affinität zur Menschenwürde auf. Diese ist bei dem Recht am eigenen Bild nicht so stark ausgeprägt; eine kommerzielle Verwertung erscheint weit weniger problematisch.[266] Zudem ist es angesichts der mit der Akzeptanz der Nutzungsbedingungen etwa von Instagram[267] verbundenen, extrem weiten Lizenzeinräumung gerade nicht so, dass bei der Entscheidung, Bilder in einem sozialen Netzwerk zu veröffentlichen, die „Zurücknahme einer höchstpersönlichen Rechtsposition“ gegenüber der „rechtsfolgengerichteten Einräumung positiver Verwertungsbefugnisse“ derart in den Vordergrund tritt, dass automatisch die gleiche Einordnung wie im Medizinrecht angebracht wäre und dies „[a]llenfalls bei kommerziell motivierten Elternveröffentlichungen“ anders zu bewerten sei.[268] Allein die Interessenlage oder Unkenntnis der Eltern kann hier nicht den Ausschlag geben.

bb. Einwilligungszuständigkeit bei Minderjährigen

Abhängig von der Einordnung der Rechtsnatur bestimmt sich die Zuständigkeit für die Einwilligung bei Minderjährigen.[269]

(1) Einordnung als Realakt

Nimmt man einen Realakt an, ist die Einwilligungsfähigkeit anhand der **Einsichts- und Urteilsfähigkeit** im Einzelfall zu bestimmen[270], wobei teilweise vertreten wird, dass aus §§ 1626 Abs. 1, 1629 Abs. 1 BGB eine Al-

---

265 Nicht umsonst werden für den Broterwerb zentrale Köperteile häufig mit horrenden Summen versichert: Gut versichert: Die teuersten Beine der Welt, https://www.mein-versicherungsmakler-in.de/weitere-themen/68-versicherung-7 (zuletzt geprüft am 16.2.2021).

266 *Brost*, Das Persönlichkeitsrecht von Minderjährigen, S. 128: „Bildnisse sind als mediale Inhalte zur Vermarktung und Kommerzialisierung geeignet.“

267 https://help.instagram.com/581066165581870 (zuletzt geprüft am 15.8.2021).

268 So aber *Lettmaier*, in: Recht, Sport, Technik und Wirtschaft in mehrdimensionalen Perspektiven, S. 355 (362 f.).

269 Diesen Zusammenhang auch herstellend *Götting*, in: Schricker/Loewenheim (Hrsg.), Urheberrecht, § 22 KUG Rn. 42.

270 So auch *Lettmaier*, in: Recht, Sport, Technik und Wirtschaft in mehrdimensionalen Perspektiven, S. 355 (362, 366); *Rake*, FamRZ 2020, 1064 (1065).

leinzuständigkeit der Eltern folge[271]. Dies widerspricht aber schon der die verfassungsrechtliche Lage widerspiegelnden Wertung des § 1626 Abs. 2 BGB[272] und ist daher abzulehnen.

Einwilligungsberechtigt sind daher die Eltern gem. §§ 1626 Abs. 1, 1629 Abs. 1 BGB nur, solange das Kind nicht die notwendige Einsichtsfähigkeit besitzt. Diese werde es jedoch angesichts der Wertung des § 1617c BGB grundsätzlich ab einem Alter von 14 Jahren aufweisen.[273]

Fraglich ist in diesem Zusammenhang die Einwirkung (des Rechtsgedankens) des **Art. 8 Abs. 1 DSGVO**, der eine (alleinige) Einwilligungsfähigkeit Minderjähriger in die Datenverarbeitung bei Angeboten von Diensten der Informationsgesellschaft, die dem Kind direkt gemacht werden, erst ab 16 Jahren[274] annimmt.[275] Den Hintergrund dieser Regelung verdeutlicht Erwägungsgrund 38 der DSGVO: „Kinder verdienen bei ihren personenbezogenen Daten besonderen Schutz, da Kinder sich der betreffenden Risiken, Folgen und Garantien und ihrer Rechte bei der Verarbeitung personenbezogener Daten möglicherweise weniger bewusst sind. Ein solcher besonderer Schutz sollte insb. die Verwendung personenbezogener Daten von Kindern für Werbezwecke oder für die Erstellung von Persönlichkeits- oder Nutzerprofilen und die Erhebung von personenbezogenen Daten von Kindern bei der Nutzung von Diensten, die Kindern direkt angeboten werden, betreffen. Die Einwilligung des Trägers der elterlichen Verantwortung sollte im Zusammenhang mit Präventions- oder Beratungsdiensten, die unmittelbar einem Kind angeboten werden, nicht erforderlich sein."

Angesichts dessen könnte man auf die Idee kommen, die notwendige Einsichtsfähigkeit und damit die Entscheidungskompetenz immer *erst* ab

---

271 *Vetter*, AfP 2017, 127 (130 f.); unter Zubilligung eines Vetorechts des einsichtsfähigen Kindes *Beater*, JZ 2013, 111 (118 f.).

272 S.o., D.II.2.

273 *Fritzsche/Knapp*, FamRZ 2019, 1905 (1908 m.w.N.); *Rake*, FamRZ 2020, 1064 (1066); anders wohl *Roth*, Die Grundrechte Minderjähriger, S. 78, der einen Zusammenhang zwischen den aus der Deliktsfähigkeit mit 7 Jahren (§ 828 BGB) folgenden Pflichten und der Ausübung von Rechten herstellt.

274 Nach S. 3 können die Mitgliedstaaten durch Rechtsvorschriften eine niedrigere Altersgrenze (min. 13 Jahre) festlegen. Diese Grenze entspricht den vorhandenen Nutzungsbedingungen einiger großer Unternehmen, s. B.III. *Kugelmann*, DuD 2016, 566 (569) sieht insofern bei der nationalen Festlegung die Gefahr einer Spirale nach unten.

275 Diese Frage aufwerfend, aber unbeantwortet lassend *Fritzsche/Knapp*, FamRZ 2019, 1905 (1908).

diesem Alter anzunehmen.[276] Gegen eine allgemeine Anwendung auf jede datenschutzrechtliche Einwilligung spricht jedoch die ausdrückliche Beschränkung des Anwendungsbereichs.[277] Im Fall von Influencern stellt sich angesichts des hier vorliegenden Kontextes (Hochladen auf Plattformen, die Dienste der Informationsgesellschaft sind) die Frage, ob die Mündigkeitsregelung bzw. ihr Rechtsgedanke auch bei solch immerhin mittelbaren Verbindungen anwendbar ist. Denn im Ergebnis macht es für das Persönlichkeitsrecht wohl keinen Unterschied, ob ein Foto durch das Kind selbst auf dem eigens betriebenen Account (wo die Regelung definitiv anwendbar ist) oder durch eine andere Person auf einem von dieser betriebenen Account gepostet wird. Dagegen spricht jedoch, neben der erwähnten eindeutigen Begrenzung der Geltung der (Sonder-) Regelung auf den Fernabsatz,[278] die Tatsache, dass es sehr wohl einen Unterschied macht, ob eine Einwilligung gegenüber einem übermächtigen, nicht transparenten und persönlich ansprechbaren Dienst erteilt wird oder einzelnen Personen. Zudem spricht S. 2 des Erwägungsgrundes Gefahren an, die in dieser Weise eigentlich nur bei der Eigennutzung eines Accounts bestehen. Art. 8 Abs. 1 DSGVO hindert also bei einer nicht direkt zwischen Kind und Plattformbetreiber bestehenden Beziehung nicht die Annahme einer vor Erreichen der Altersgrenze vorliegenden Einwilligungsfähigkeit. Eine andere Frage ist die nach der Wirkung der Regelung ab Vollendung des sechzehnten Lebensjahrs; hier handelt es sich wohl um eine gesetzlich verbindliche Vermutung für die Einsichts- und damit Einwilligungsfähigkeit[279].

---

276 So *Herberger*, juris Monatszeitschrift 2020 (12), 442 (446).

277 So auch *Fritzsche/Knapp*, FamRZ 2019, 1905 (1911); *Rake*, FamRZ 2020, 1064 (1067). Ausstrahlungswirkungen der spezialgesetzlich geregelten Mündigkeit werden aber von *Karg*, in: BeckOK Datenschutzrecht, Art. 8 DSGVO Rn. 47 (Stand 1.11.2020) für nicht unwahrscheinlich gehalten.

278 Vgl. diesbzgl. auch die in Erwägungsgrund 38 zum Tragen kommende Ausnahme von Präventions- und Beratungsangeboten, s. *Plath*, in: Plath, DSGVO/BDSG, Art. 8 DSGVO Rn. 7; *Rake*, FamRZ 2020, 1064 (1067).

279 Anders wohl *Karg*, in: BeckOK Datenschutzrecht, Art. 8 DSGVO Rn. 36 ff. m.w.N. (Stand 1.11.2020), der die Möglichkeit der Widerlegung der Regelvermutung trotz fehlender Abwägungsklausel favorisiert.

(2) Einordnung als Willenserklärung bzw. Anwendbarkeit deren Regelungen

(a) Allgemeine Kompetenz

Handelt es sich hingegen um eine Willenserklärung oder sind die diesbezüglichen Regelungen entsprechend anwendbar, weisen die **§§ 104 ff. BGB** die Kompetenz ihrem Wortlaut nach den Eltern zu: Bei dem Kind unter 7 Jahre folgt dies schon aus seiner Geschäftsunfähigkeit; bei dem beschränkt Geschäftsfähigen aus der Tatsache, dass eine Disposition über das Persönlichkeitsrecht angesichts der damit erworbenen faktischen Verfügungsmöglichkeit Dritter nicht lediglich rechtlich vorteilhaft gem. § 107 BGB ist[280]. Die Eltern haben die Entscheidung sodann im gegenseitigen Einvernehmen zu treffen (§ 1627 BGB). Gelingt dies nicht, kann das Familiengericht die Entscheidung nach § 1628 BGB auf ein Elternteil übertragen, da es sich angesichts der wesentlichen Gefahren für das Persönlichkeitsrecht um eine Angelegenheit von erheblicher Bedeutung handelt.[281] Es wird vertreten, dass die Entscheidungsbefugnis zum Schutz des Persönlichkeitsrechts regelmäßig dem Elternteil zu übertragen sei, das sich gegen die Veröffentlichung wendet;[282] dabei erscheint eine Anknüpfung an die Medienkompetenz[283] der Eltern besser geeignet, den notwendigen Schutz und die sich für die Entwicklung des Kindes ergebenden Chancen in Ausgleich zu bringen.

280 *Fritzsche/Knapp*, FamRZ 2019, 1905 (1908 m.w.N.); so auch *Brost/Rodenbeck*, AfP 2016, 495 (500) mit Verweis auf die Auffindbarkeit in Personensuchmaschinen. Vgl. auch *Herberger*, juris Monatszeitschrift 2020 (12), 442 (445) bereits in Bezug auf die Anmeldung in sozialen Netzwerken.

281 *Herberger*, juris Monatszeitschrift 2020 (12), 442 (446 m.w.N.).

282 *Weber*, NZFam 2019, 6 (9). Zustimmend *Götz*, FamRZ 2019, 573 (575) und wohl auch *Herberger*, juris Monatszeitschrift 2020 (12), 442 (446).

283 Dies meint die Fähigkeit, „sowohl die verschiedenen Medienkanäle als auch deren Inhalte kompetent und vor allem kritisch zu nutzen sowie mit und in diesen Kanälen zu agieren", https://wirtschaftslexikon.gabler.de/definition/medienkompetenz-122191/version-373540 (zuletzt geprüft am 22.2.2021). Hier ist freilich noch zu klären, wie sich dies im Einzelfall überhaupt bestimmen bzw. überprüfen lässt. Wie gut sich ein Elternteil im Internet darzustellen, zu vermarkten weiß oder wie gut er sich in den Funktionen einzelner Programme auskennt, wird hierbei aber jedenfalls – wenn überhaupt – eine untergeordnete Rolle spielen. Schon angesichts der bekannten „Tücken" des Internets wird es vielmehr darauf ankommen, dass dem Elternteil diese bewusst sind und er sein Verhalten hieran anpasst. Ein völliges Vermeiden des Risikos wird auf der anderen Seite aber nicht zu fordern sein.

Die sich aus §§ 104 ff. BGB ergebende starre Kompetenzzuweisung wird aufgrund der großen persönlichkeitsrechtlichen Relevanz der – angesichts der dem Internet anhaftenden Entgrenzung: weitreichenden – Entscheidung bei einwilligungsfähigen beschränkt Geschäftsfähigen jedoch von der h.M. durchbrochen, indem eine Doppelzuständigkeit (**Co-Konsens**) angenommen wird.[284] Nur, wenn sowohl Kind als auch Eltern mit der Veröffentlichung einverstanden sind, dürfe diese erfolgen.[285]

Die hierauf bezogene Kritik, eine Doppelzuständigkeit sei angesichts der hiermit verbundenen Einschränkung des Art. 6 Abs. 2 GG im Hinblick auf Art. 100 Abs. 1 GG bedenklich[286], blendet die kindliche Hilfsbedürftigkeit als Grund *und Grenze* des Elternrechts aus. Die §§ 104 ff. BGB als rechtsgeschäftsbezogene leges speciales zu § 1626 Abs. 1 BGB unterliegen dementsprechend gleichermaßen dem einfachgesetzlichen innerparteilichen Vorbehalt des § 1626 Abs. 2 BGB, der das elterliche Bestimmungsrecht wenn nötig als Ausdruck des kindlichen Persönlichkeitsrechts und der Selbstbestimmung überstrahlt.

Im Gegensatz zu einer im Vordringen begriffenen Meinung[287] im Kontext der medizinischen Einwilligung als Realakt lässt die Einwilligungsfähigkeit des Kindes das Einwilligungserfordernis der Eltern nach der Lehre von der Doppelzuständigkeit nicht entfallen. Dies erscheint angesichts der Besonderheiten, die sich hier aufgrund der Mischform von rechtsgeschäftlichen und faktisch wirkenden Aspekten ergeben, auch ausnahmsweise angemessen: Neben der Systematik der (wie vorzugswürdig anzunehmen ist:) anwendbaren Mündigkeitsregelungen der §§ 104 ff. BGB, sind hier die möglichen weitreichenden Folgen eines In-die-Öffentlichkeit-tretens, die festgestellte erhöhte Schutzbedürftigkeit gegenüber öffentlichen Berichter-

---

284 *Brost*, Das Persönlichkeitsrecht von Minderjährigen, S. 137 ff.; *Brost/Rodenbeck*, AfP 2016, 495 (500); *Engels*, in: BeckOK Urheberrecht, § 22 KunstUrhG Rn. 42 (Stand 1.5.2021); *Fricke*, in: Wandtke/Bullinger (Hrsg.), Praxiskommentar zum Urheberrecht, § 22 KUG Rn. 14; *Götting*, in: Schricker/Loewenheim (Hrsg.), Urheberrecht, § 22 KUG Rn. 42; *Specht*, in: Dreier/Schulze (Hrsg.), Urheberrecht, § 22 KUG Rn. 26.

285 So i.E. auch Ministerium für Arbeit, Gesundheit und Soziales NRW, Drs. 17/10300, S. 2 f., wobei hier fälschlicherweise eine beschränkte Geschäftsfähigkeit abhängig von der jeweiligen Einsichtsfähigkeit angenommen wird, die das Gesetz so nicht stützt.

286 *Vetter*, AfP 2017, 127 (131).

287 *Amend-Traut/Bongartz*, FamRZ 2016, 5; *Götz*, FamRZ 2020, 336 (339 f.); *Spickhoff*, FamRZ 2018, 412 (423 ff.); OLG Hamm, Beschluss v. 29.11.2019 – II-12 UF 236/19, 12 UF 236/19, MedR 2020, 679, 682 m.Anm. *Lemmert* zumindest bzgl. des Schwangerschaftsabbruchs.

stattungen und die gegenüber manch wichtigen medizinischen Entscheidungen kontrastierende Aufschiebbarkeit der Entscheidung zur Veröffentlichung[288] zu nennen.[289] Angesichts des Rechtsgedankens der Regelvermutung des Art. 8 Abs. 1 DSGVO, der die „Netz-Mündigkeit“[290] ab spätestens 16 Jahren regelt (s.o.), besteht jedoch ab Erreichen dieses Alters – erst recht gegenüber Personen außerhalb von Diensten der Informationsgesellschaft[291] – Eigenzuständigkeit des Kindes. Unterhalb dieser Altersgrenze hindert Art. 8 Abs. 1 DSGVO die Annahme eines notwendigen Co-Konsens im Übrigen nicht; S. 2 ermöglicht eine Verarbeitung „sofern und soweit diese Einwilligung durch den Träger der elterlichen Verantwortung für das Kind *oder mit dessen Zustimmung* erteilt wird“ (Hervorhebung der Autorin). Ausdrücklich zu betonen ist daneben, dass das Kind auch schon vor Erreichen der Schwelle der Einwilligungsfähigkeit entsprechend § 1626 Abs. 2 BGB als Ausfluss seines Allgemeinen Persönlichkeitsrechts und Art. 12 Abs. 1 UN-KRK alters- und reifeangemessen an der Entscheidung über die Veröffentlichung zu beteiligen und sein (Wider-)Wille zu berücksichtigen ist.[292]

Beschränkt geschäftsfähige Influencer können, sofern sie nach den Umständen des Einzelfalls als Unternehmer[293] einzuordnen sind, mit genereller Einwilligung der gesetzlichen Vertreter und der Genehmigung durch das Familiengericht partielle Geschäftsfähigkeit i.S.v. **§ 112 BGB** erlangen.

---

288 So auch *Brost*, Das Persönlichkeitsrecht von Minderjährigen, S. 138. Zur Wichtigkeit des Aspekts der Aufschiebbarkeit im Kontext paternalistischen Handelns s. *Schickhardt*, Kinderethik, S. 212.

289 Vgl. *Beater*, JZ 2013, 111 (118).

290 *Dammann*, ZD 2016, 307 (311).

291 Für diese müssen weniger strenge Regelungen gelten, s. D.III.1.c.bb.(1).

292 *Lettmaier*, in: Recht, Sport, Technik und Wirtschaft in mehrdimensionalen Perspektiven, S. 355 (366 f.) plädiert für die Co-Konsens-Lösung mit einem Schwellenalter von sechs oder sieben Jahren. Hier verschwimmt jedoch der Unterschied zwischen der Annahme der Notwendigkeit eines Co-Konsens bei Einwilligungsfähigkeit des Kindes und seiner Beteiligung bzw. der Berücksichtigung seines Willens unterhalb der Schwelle der Einwilligungsfähigkeit.

293 *Willems*, MMR 2018, 707 (710 f.). So auch BGH I ZR 90/20, juris-Rn. 36: „Für Influencer gilt nichts anderes, so dass auch sie ein Unternehmen betreiben, sofern sie selbst Waren oder Dienstleistungen vertreiben [...] oder das eigene Image vermarkten und durch Werbeeinnahmen kommerzialisieren“ sowie juris-Rn. 42: „[...] dass durch die Steigerung der Bekanntheit und Bindung von Followern das Interesse von Drittunternehmen an einem Influencer-Marketing in Kooperation mit der Beklagten geweckt wird und sie auf diese Weise Umsätze generieren kann. Auch durch die Steigerung ihres Werbewerts fördern Influencer wie die Beklagte ihr eigenes Unternehmen [...]“, jeweils m.w.N.

In diesem Rahmen könne sie dann auch allein in die Veröffentlichung des Fotos einwilligen. Daneben genügt die alleinige Einwilligung des Minderjährigen auch für die Veröffentlichung von Aufnahmen, die im Rahmen eines Dienst- oder Arbeitsverhältnisses – etwa einer sog. Kooperation – angefertigt werden, wenn er gem. § 113 BGB zur entsprechenden Tätigkeit ermächtigt wurde.[294]

(b) Kompetenz beim Sharenting

Im Fall des *Sharenting* und damit auch im Bereich der Family- bzw. Eltern-Influencerinnen machen die Eltern selbst das Foto des Kindes Dritten zugänglich. Die Eltern müssen die Einwilligung also gewissermaßen sich selbst erteilen.

Nach §§ 1629 Abs. 2, 1795 Abs. 2 BGB bleibt die Anwendung des Vertretungsausschlusses bei Insichgeschäften gem. **§ 181 BGB** unberührt. Sofern man die zu erteilende Einwilligung mit der h.L. als rechtsgeschäftliche / rechtsgeschäftsähnliche Erklärung ansieht, bzw. eine entsprechende Anwendung der einschlägigen Normen auf den angenommenen Realakt bejaht[295], können die Eltern daher nicht in die Veröffentlichung auf der eigenen Seite einwilligen.[296] Die überwiegend vorgenommene teleologische

294 *Fritzsche/Knapp*, FamRZ 2019, 1905 (1908).

295 *Rake*, FamRZ 2020, 1064 (1066) lehnt eine analoge Anwendung mit der Begründung ab, die §§ 1626 ff. BGB würden nicht allgemein durch ein Handlungsverbot bei Interessenskollisionen beschränkt, die elterliche Sorge finde ihre Grenze vielmehr nur in der Kindeswohlgefährdung. Zudem führe eine Delegierung auf den Ergänzungspfleger zu keiner Stärkung der Kindesautonomie bei dem nicht einsichtsfähigen Kind und erscheine insofern unangemessen (zustimmend *Lettmaier*, in: Recht, Sport, Technik und Wirtschaft in mehrdimensionalen Perspektiven, S. 355 (371)). Letzteres verkennt jedoch, dass es mangels Einsichtsfähigkeit nicht (nur) um eine zu stärkende Autonomie gehen kann, sondern insbesondere auch spätere Lebensmöglichkeiten zu schützen sind. *Lettmaier* (ebd. (362 f., 369 f.)) erwägt i.Ü. ausdrücklich eine durch sie ansonsten infolge der Annahme eines Realaktes und der Verneinung einer Schutzlücke bzw. vergleichbaren Interessenlage abgelehnte (analoge) Anwendung des § 181 auf kommerziell motivierte Elternveröffentlichungen, s. D.III.1.c.bb.(1).

296 DIJuF, JAmt 2017, 426 nimmt hingegen nur an, das Familiengericht könne bei der Annahme eines erheblichen Interessenkonflikts nach §§ 1629 Abs. 2 S. 3, 1796 BGB die Vertretungsmacht über das Einstellen der Filme entziehen. Hiernach müsste also zunächst ein familiengerichtliches Verfahren eingeleitet werden und ein erheblicher, konkreter Interessensgegensatz müsste positiv festgestellt werden. Von § 1796 BGB werden jedoch angesichts der Gesetzessyste-

Reduktion des § 181 BGB für rechtlich lediglich vorteilhafte Geschäfte des Minderjährigen[297] greift angesichts des (auch weitere Eingriffe durch weitere Verbreitung ermöglichenden) Eingreifens in das Persönlichkeitsrecht nicht.[298] Dies ist die Antwort auf den vorliegenden Interessenkonflikt – den Eltern fehlt die nötige Objektivität bei der Wahrnehmung der kindlichen Interessen, insbesondere wenn zum Beispiel Mütter zu Managern, zu „Mamagern"[299], werden. Die Gefährdung des Kindes rührt entsprechend auch nicht allein oder vorrangig von der Gefährlichkeit des Mediums her;[300] vielmehr hängt jene Gefährlichkeit untrennbar mit dem zu befürchtenden Interessenkonflikt zusammen, weil dieser die Eltern gerade in gewisser Weise „blind" werden lässt für die Risiken der Veröffentlichung.

Hier kann man im Übrigen erkennen, dass im Ergebnis zumindest eine entsprechende Anwendung der auf Rechtsgeschäfte bezogenen Normen zu begrüßen ist, da diese (über § 181 BGB) gefährdungsadäquat mehr Schutz bieten. Gleichzeitig schränken die starren Kategorien der §§ 104 ff. BGB aber im Ergebnis nicht über Gebühr ein, indem der Vorbehalt des § 1626 Abs. 2 BGB auch hier angewendet wird (s.o.).

Sind die Sorgeberechtigten (oder ist der Vormund) an der Vertretung gehindert, so ist gem. § 1909 Abs. 1 S. 1 BGB ein Ergänzungspfleger zu bestellen. Dieser kann künftige Entscheidungen in den Bereichen, für die er bestellt wurde, treffen sowie die entgegen dem Vertretungsverbot vorgenommenen – und damit schwebend unwirksamen – Geschäfte genehmigen, bis das Kind selbst einwilligungsfähig geworden ist.[301]

---

matik nur die Angelegenheiten erfasst, die nicht bereits unter den abstrakte Interessenskollisionen abdeckenden Ausschluss in §§ 1629 Abs. 2 S. 1, 1795 BGB fallen.

297 *Schäfer*, in: BeckOK BGB, § 181 BGB Rn. 19 m.w.N. (Stand 1.5.2021).

298 So auch *Lettmaier*, in: Recht, Sport, Technik und Wirtschaft in mehrdimensionalen Perspektiven, S. 355 (362).

299 So die Selbstbezeichnung auf Annette Pawlus Instagram-Account „therealeisenhardt", ehem. „little.fashion.cuties", https://www.instagram.com/therealeisenhardt/?hl=de (zuletzt geprüft am 16.2.2021).

300 So aber *Lettmaier*, in: Recht, Sport, Technik und Wirtschaft in mehrdimensionalen Perspektiven, S. 355 (370).

301 Diese Möglichkeit übersieht *Alberts*, Die rechtliche Bewertung der Tätigkeit von Influencern, S. 293, wenn sie davon ausgeht, dass die elterliche Einwilligung schwebend unwirksam bleibt, bis das Kind geschäftsfähig geworden ist. Thematisiert und – insoweit richtigerweise – abgelehnt wird durch sie lediglich eine Genehmigungsmöglichkeit des Familiengerichts. Zum zudem durch sie angelegten, aber abzulehnenden Maßstab der Geschäftsfähigkeit des Kindes, s.o. unter D.III.1.c.bb.(2)(a) und (b).

Gegen die Notwendigkeit der Bestellung einer Ergänzungspflegerin für jegliche Weitergabe von Fotos könnte allerdings Folgendes sprechen:

Zunächst ist der sonst im Rahmen der §§ 1626 Abs. 2, 1795 BGB bezweckte abstrakt-generelle Vermögensschutz hier im Regelfall der privaten Weitergabe nicht einschlägig[302] – dieses Argument müsste dann aber, um sich nicht dem Vorwurf des „Rosinenpickens“ auszusetzen, schon gegen die Unterwerfung der Einwilligung unter die §§ 104 ff. BGB (als die Normen, die für in aller Regel das Vermögen tangierende Rechtsgeschäfte gelten) generell angeführt werden.[303]

Zudem wirkt das Ergebnis gefühlsmäßig „fern der bisherigen Realität“[304], da die Weitergabe von Fotos, die im privaten Umfeld seit langer Zeit zum alltäglichen (Familien-) Leben gehört, sozialadäquat ist.[305] Die **Sozialadäquanz** beschreibt Handlungen, die von dem Wortlaut einer Norm erfasst sind, sich aber „völlig im Rahmen der normalen, geschichtlich gewordenen (sozialethischen) Ordnung des Gemeinschaftslebens bewegen"[306] und ist als valides Kriterium anerkannt[307].

Bei Influencern jedoch ist das Private von der öffentlichen Selbstdarstellung und damit verbundenen kommerziellen Interessen kaum noch zu trennen, weshalb die bisherige Sozialadäquanz diese Situation wohl kaum decken kann, sodass die Bestellung eines Ergänzungspflegers aus diesem Blickwinkel bei allen, weil zumindest „auch kommerziellen“, Postings von Influencern nötig ist[308]. Betrachtet man Influencer-Accounts in ihrer Gesamtheit und nimmt daher richtigerweise keine Unterscheidung zwischen

---

302 *Fritzsche/Knapp*, FamRZ 2019, 1905 (1908); *Veit*, in: BeckOK BGB, § 1629 BGB Rn. 33 (Stand 1.5.2021).

303 Anders *Veit*, in: BeckOK BGB, § 1629 BGB Rn. 33 (Stand 1.5.2021), die bei der Anwendbarkeit des § 181 BGB nach der Zweckrichtung der Veröffentlichung differenziert und nichtkommerzielle Weitergaben vom Vertretungsverbot ausnimmt.

304 *Fritzsche/Knapp*, FamRZ 2019, 1905 (1908).

305 *Schimke*, NZFam 2019, 851 (855) löst dies mit einer Begrenzung schon des Anwendungsbereichs. Dem ist angesichts der hiermit auch verbundenen Risiken aber nicht zu folgen; s.o., insbesondere C.II. und III. Eine Reduktion des Anwendungsbereichs des § 181 BGB aufgrund der Sozialadäquanz nicht andenkend und daher automatisch zu einer allgemeinen Unzulässigkeit des *Sharenting* gelangend *Alberts*, Die rechtliche Bewertung der Tätigkeit von Influencern, S. 293.

306 *Roxin*, Strafrecht AT, § 10 Rn. 33; *Rönnau*, JuS 2011, 311.

307 Hierfür im Zivilrecht BGH NJW 2019, 773, Ls. 1 und Rn. 14 ff.; zum Begriff im Strafrecht *Rönnau*, JuS 2011, 311.

308 *Fritzsche/Knapp*, FamRZ 2019, 1905 (1908 f.); zustimmend *Veit*, in: BeckOK BGB, § 1629 BGB Rn. 33 (Stand 1.5.2021).

werblichen und (scheinbar) privaten Inhalten vor[309], kommt es weder zu Abgrenzungsproblemen noch zu Gefahren für die Rechtssicherheit.[310]

Eine andere Bewertung könnte sich gerade aufgrund der charakteristischen Unbestimmtheit und Dynamik des Begriffs der Sozialadäquanz ergeben: Entwickelt von *Welzel*[311] für das Strafrecht, sollte die Rechtsfigur eine Rückbindung einer Norm an die soziale Wirklichkeit ermöglichen, um ihr durch Berücksichtigung der Funktion des geschützten Rechtsguts Sinn zu verleihen. Um dem gerecht zu werden, muss dynamisch auf aktuelle außerrechtliche Ordnungsvorstellungen zurückgegriffen werden. Nach den Wertevorstellungen und Maßstäben in der digitalisierten Gesellschaft der 2020er Jahre könnte das Werben mit Kindern oder durch Kinder (insbesondere zukünftig) als unproblematisch und damit sozialadäquat angesehen werden, zumal diese Formen des Influencer-Marketings wachsende Märkte sind[312]. Stellte man bei der Maßstabsentwicklung jedoch bloß auf ein empirisch-faktisches Verständnis ab, würden unberechtigte Entlastungswirkungen aufgrund der Übertragung empirisch beobachteter, weit verbreiteter Verhaltensweisen auf deren normative Akzeptanz eintreten. Daher ist neben der Üblichkeit als faktischer Komponente auch die rechtliche Billigung zu prüfen, welche insbesondere die soziale Tragbarkeit der Konsequenzen des Verhaltens beachtet.[313] Neben den zahlreichen kritischen Kommentaren zur Vermarktung des eigenen Kindes sowohl in den Kommentarspalten unter den werblichen Beiträgen als auch andernorts ist hier der Unterschied zur analogen oder auch digitalen Weitergabe von Fotos (nur) an Familienmitglieder und Freunde zu beachten: Die Veröffentlichung für ein unbeschränktes Publikum birgt neben wirtschaftlichen Chancen angesichts der Einblicke in den privaten Raum, der schnellen und unendlichen Weiterverbreitungsmöglichkeit sowie der Unmöglichkeit späterer vollständiger Löschung auch wesentlich erheblichere Risiken. Gestützt wird die sich hieraus ergebende Ablehnung der aktuellen Sozialadäquanz zudem durch den sich aus den gleichen Gründen ergebenden resultierenden Unterschied zu früheren kommerziellen Situationen wie der

309 Siehe dazu auch unten, IV.5.b.cc.(2)(c).

310 Diese befürchtet jedoch *Veit*, in: BeckOK BGB, § 1629 BGB Rn. 33 (Stand 1.5.2021).

311 *Welzel*, ZStW 58 (1939), 491 (516 f., 527 ff.).

312 Hierfür spricht schon, dass mit *WunderStudios* eine Agentur eigens für „Influencer Marketing für Mütter, Frauen und Familien" existiert; zu den wachsenden Gewinnmöglichkeiten vgl. die *Forbes*-Daten oben.

313 Vgl. hierzu *Rönnau*, JuS 2011, 311 (312).

TV-Werbung[314] („Froop-Mädchen" u.a.), die – wie sich noch zeigen wird – durch das JArbSchG (paradoxerweise) wesentlich strenger reglementiert wird.

Allerdings bezieht sich die aus diesen Ausführungen ergebende Pflicht zur Ergänzungspflegerbestellung nur auf die Veröffentlichung auf (allen) von den eigenen Eltern betriebenen Websites bzw. Social Media-Accounts – nicht auf die ggf. auch durch eigene finanzielle Interessen maßgeblich geleitete Einwilligung in die Veröffentlichung auch gemeinsamer Werbefotos auf dem Kanal einer Werbepartnerin, sodass der Schutz insofern unvollkommen bliebe. Ein etwaiger *Repost*[315] einer solchen externen Veröffentlichung auf der elterlichen Seite wäre wohl ebenfalls nicht betroffen, da die Einwilligung in Bezug auf die Zugänglichmachung für eine breite Öffentlichkeit gegeben wurde. Eine Begrenzung auf eine aufgrund der Privatsphäre-Einstellungen des Accounts begrenzte Personenanzahl hat so nicht stattgefunden.[316] Doch wäre dies in der Praxis nicht von Belang, da durch ein Posting des Unternehmens und einen etwaigen *Repost* der eigentliche Zweck des Influencer-Marketings nicht erreicht würde – denn im Vordergrund stünde für den Adressaten der werbliche Charakter, nicht die „Empfehlung". Hieran ändert auch die eigentlich schon „entlarvende" Kennzeichnungspflicht für Werbung nichts, da diese (erstens) nicht verhindert, dass der Inhalt zunächst von den Followerinnen als persönliche Äußerung des Influencers angezeigt und wahrgenommen wird und (zweitens) die Kennzeichnung aus Gründen der Rechtsunsicherheit mittlerweile inflationär in verschiedenen Abwandlungen verwendet wird[317].

Ein größeres Problem stellen die tatsächlich **von den Kindern selbst**, ggf. entgegen den Nutzungsbedingungen der Plattformen **betriebenen Accounts** dar. Hier benötigen sie zumindest den Co-Konsens ihrer Eltern; diese erteilen die Einwilligung aber gegenüber dem Kind und nicht sich selbst. Die §§ 1629 Abs. 2, 1795 BGB i.V.m. § 181 BGB sind daher nicht anwendbar – auch, wenn die Eltern, u.U. unter Aufgabe ihres eigenen Berufs, die Influencer-Tätigkeit des Kindes nachhaltig unterstützen und daher Ei-

---

314 Auch *Holsten*, epd medien 2020, 3 erkennt angesichts des Eindringens in den familiären bzw. kindlichen Rückzugsraum einen Unterschied zu einem Werbespot für Windeln.

315 D.h., eine weitere Veröffentlichung des ursprünglichen Postings durch Inbezugnahme.

316 Zur Reichweite der Einwilligung s. *Engels*, in: BeckOK Urheberrecht, § 22 KunstUrhG Rn. 37 ff. (Stand 1.5.2021).

317 Zum Beispiel „Werbung weil Namensnennung" oder „unbeauftragte, unbezahlte Werbung". Zur Rechtsunsicherheit, s. B.II.

geninteressen verfolgen. Die Erlaubnis zur (ggf. gegen die Nutzungsbedingungen verstoßenden) Selbstverwaltung des Accounts ermöglicht also eine Art Strohmanngeschäft. Diese Lücke offenbart, dass eine Regulierung von das Persönlichkeitsrecht bedrohenden Influencer-Tätigkeiten mit Bezug zu Minderjährigen dringend geboten ist; am besten wohl im Rahmen des Katalogs der abstrakten Gefährdungen.[318] Im Übrigen stellt auch eine ggf. vorliegende Einwilligungsfähigkeit des betreffenden Kindes keinen Grund dar, von der Notwendigkeit der Bestellung eines Ergänzungspflegers abzusehen: Zwar gilt *Volenti non fit inuria*[319], jedoch soll das Konzept der Doppelzuständigkeit gerade zusätzlichen Schutz gewährleisten. Dies ist nicht möglich, wenn die zusätzlich erforderliche elterliche Einwilligung durch Eigeninteressen entwertet wird.

2. § 201a StGB

Im Gegensatz zu §§ 22 ff. KUG schützt § 201a StGB den höchstpersönlichen Lebensbereich und das Persönlichkeitsrecht schon vor der unbefugten, d.h. rechtswidrigen und insbesondere ohne Einwilligung erfolgenden,[320] Anfertigung von Bildaufnahmen. Mit Freiheitsstrafe bis zu zwei Jahren oder mit Geldstrafe wird etwa bestraft, wer dies nach Abs. 1 Nr. 1 in einer Wohnung oder einem gegen Einblick besonders geschützten Raum tut und dadurch den höchstpersönlichen Lebensbereich der abgebildeten Person verletzt; nach Abs. 1 Nr. 2, wer die Hilflosigkeit einer anderen Person zur Schau stellt und dadurch den höchstpersönlichen Lebensbereich der abgebildeten Person verletzt. Abs. 1 Nr. 3 betrifft die Verwertung solcher Aufnahmen (Gebrauch oder Zugänglichmachung gegenüber einem Dritten). Gemäß Abs. 4 gilt u.a. Abs. 1 Nr. 2 (auch in Verbindung mit Nr. 3, nicht aber Nr. 1) jedoch nicht für bestimmte sozialadäquate Handlungen, die überwiegenden berechtigten Interessen dienen, zum Beispiel in den Bereichen Kunst und Berichterstattung über Vorgänge des Zeitgeschehens.

---

318 Vgl. oben, IV.2.
319 Dem Einwilligenden geschieht kein Unrecht.
320 Dass sich aus dem Merkmal der Unbefugtheit ein Verweis auf Rechtfertigungsgründe und kein Tatbestandsausschluss – bei Vorliegen eines Einverständnisses – ergibt, entspricht der h.M., vgl *Kühl*, in: Lackner/Kühl (Hrsg.), StGB, § 201a StGB Rn. 9, m.w.N. auch zur Gegenansicht.

Die Zuständigkeitsordnung für die strafrechtliche Einwilligung entspricht der für Realakte im Zivilrecht[321]. Das heißt, bei Einwilligungsfähigkeit des Minderjährigen (Einsichts- und Urteilsfähigkeit) ist dieser zuständig; ansonsten seine gesetzlichen Vertreter. Mangels Vorliegens einer rechtsgeschäftlichen Handlung ist der Rechtsgedanke des § 181 BGB (über §§ 1629 Abs. 2, 1796 Abs. 2 BGB) – wenn man die Erklärungszuständigkeit unter Berücksichtigung der Einheit der Rechtsordnung bestimmen möchte – an sich nicht anwendbar. Vergleichbar mit den zivilrechtlichen Überlegungen zu einer analogen Anwendung (auch) bei Annahme einer tatsächlichen Handlung, könnte man dessen Wertungen jedoch in die strafrechtliche Beurteilung einfließen lassen und so Gleichlauf mit der zivilrechtlichen Bewertung herstellen.

Die Tat wird gem. § 205 Abs. 1 StGB nur auf Antrag verfolgt; der Strafantrag ist gem. § 77b Abs. 1, 2 StGB innerhalb von drei Monaten ab Kenntniserlangung von der Tat zu stellen. Geschäftsunfähige Antragsberechtigte müssen sich hierbei gem. § 77 Abs. 3 StGB jedoch vertreten lassen; Minderjährige also durch die Inhaber der elterlichen Sorge. Sofern diese oder zumindest ein Teil von ihnen selbst an der Tat beteiligt war(en), sind sie nicht antragsberechtigt[322]; dann muss ein Ergänzungspfleger bestellt werden, der über die Antragsstellung entscheidet.

IV. Der Datenschutz

Die am 25.5.2018 in Kraft getretene **Datenschutzgrundverordnung** (**DSGVO**) schützt natürliche Personen bei der Verarbeitung personenbezogener Daten. Der Begriff der personenbezogenen Daten umfasst nach der Definition in Art. 4 Nr. 1 DSGVO sämtliche Daten, mittels derer eine Person identifiziert werden kann. Dies ist bei Fotographien bzw. Abbildungen einer Person der Fall. Die Verarbeitung umfasst nach Art. 4 Nr. 2 DSGVO jeden mit oder ohne Hilfe automatisierter Verfahren ausgeführten Vorgang oder jede solche Vorgangsreihe im Zusammenhang mit personenbezogenen Daten, u.a. die Verbreitung (dieser Abbildungen). Daher sind hier grundsätzlich auch die Vorschriften der DSGVO zu beachten.[323]

---

321 S.o., D.III.1.c.bb.(1).

322 *Kühl*, in: Lackner/Kühl (Hrsg.), StGB, § 77 StGB Rn. 13 m.w.N.

323 Ausführlicher dazu und zum gleichen Ergebnis kommend *Schimke*, NZFam 2019, 851 (852).

Das Verhältnis von KUG und DSGVO ist umstritten. Fraglich ist insbesondere, ob die DSGVO universell vorrangig oder nur bei Herstellung und Speicherung von Bildnissen zu beachten ist. Entsprechend wäre das KUG zumindest teilweise unanwendbar, wobei überwiegend vertreten wird, dass seine Grundsätze und die dazu ergangene Rechtsprechung insbesondere in der Interessenabwägung zu berücksichtigen sind.[324] Diese Diskussion soll hier nicht weiter vertieft werden; um sicher zu gehen, sollte die Erfüllung der Anforderungen beider Regelungswerke unter Berücksichtigung von Interdependenzen untersucht werden.

Keine Anwendung findet die DSGVO bei Einschlägigkeit der **Haushaltsausnahme** gem. Art. 2 Abs. 2 lit. c). Ersichtlich soll hiermit der Durchregulierung des Privatlebens eine Absage erteilt werden, zumal das Risiko für den von der Datenverarbeitung Betroffenen hier in der Regel geringer ist[325]. Erwägungsgrund 18 der DSGVO konkretisiert: „Diese Verordnung gilt nicht für die Verarbeitung von personenbezogenen Daten, die von einer natürlichen Person zur Ausübung ausschließlich persönlicher oder familiärer Tätigkeiten und somit *ohne Bezug zu einer beruflichen oder wirtschaftlichen Tätigkeit* vorgenommen wird. Als persönliche oder familiäre Tätigkeiten könnte auch das Führen eines Schriftverkehrs oder von Anschriftenverzeichnissen *oder die Nutzung sozialer Netze* und Online-Tätigkeiten im Rahmen solcher Tätigkeiten gelten. Diese Verordnung gilt jedoch für die Verantwortlichen oder Auftragsverarbeiter, die die Instrumente für die Verarbeitung personenbezogener Daten für solche persönlichen oder familiären Tätigkeiten bereitstellen“ (Hervorhebungen der Autorin).

Die Weite der Haushaltsausnahme ist strittig; zwar wird einhellig eine „Öffentlichkeits-Feindlichkeit“[326] angenommen, um die Ausnahme nicht zur Regel werden zu lassen, aber wie eng der umfasste Personenkreis sein muss, ist hierdurch noch nicht geklärt.

Mit der Erwähnung „sozialer Netze“ in Erwägungsgrund 18 ersichtlich nicht in Einklang steht jedenfalls die Annahme *Buchners*, die Haushaltsausnahme sei schon aufgrund der Tatsache, dass die Eltern die Kontrolle über die Bildnisse der Kinder auch wegen der AGBen der Plattformen verlieren,

---

324 *Obergfell/Herbort*, in: Ulmer-Eifort/Obergfell (Hrsg.), Verlagsrecht, Rn. 991 m.w.N. Hierzu, insbesondere unter Berücksichtigung des Art. 85 DSGVO, s. auch *Krüger/Wiencke*, MMR 2019, 76. A.A. bei *Herberger*, juris Monatszeitschrift 2020 (12), 442 (446 m.w.N.).

325 Vgl. auch *Schimke*, NZFam 2019, 851 (852 m.w.N.).

326 *Ernst*, in: Paal/Pauly (Hrsg.), DSGVO BDSG, Art. 2 DSGVO Rn. 21 m.w.N.

nicht einschlägig.[327] Diese Annahme kann sich zwar grundsätzlich auf die EuGH-Rechtsprechung in der Sache *Lindqvist*[328] von 2003 stützen; hier entschied der EuGH zur gleichlautenden Vorgängerregelung in Art. 3 Abs. 2 RL 95/46/EG, dass Internetauftritte Privater im Anwendungsbereich der Datenschutzvorschriften liegen, da mit der Haushaltsausnahme „nur Tätigkeiten gemeint sind, die zum Privat- oder Familienleben von Einzelpersonen gehören, was offensichtlich nicht der Fall ist bei der Verarbeitung personenbezogener Daten, die in deren Veröffentlichung im Internet besteht, so dass diese Daten einer unbegrenzten Zahl von Personen zugänglich gemacht werden“[329]. Angesichts der (mittlerweile) existierenden vielfältigen Möglichkeiten von Privatsphäre- und Datenschutzeinstellungen dürfte aber allein die Reichweite des adressierten Nutzerkreises[330] entscheidend sein. Dies widerspricht im Übrigen auch nicht der Ansicht des EuGH, schließlich kann von einer „unbegrenzten Zahl von Personen“ so nicht mehr unbedingt die Rede sein.

Die Haushaltsausnahme des Art. 2 Abs. 2 lit. c) DSGVO ist also im Falle des *Sharenting* nur einschlägig, wenn die Aufnahmen des Kindes lediglich einem Personenkreis zugänglich gemacht werden, der den engeren Familien- und Freundeskreis nicht übersteigt, also kein „öffentlicher“ ist.[331] Dies ist bei einer Influencer-Tätigkeit per se nicht der Fall, wobei diese wegen ihres kommerziellen Hintergrunds, ihres wirtschaftlichen Bezugs schon nicht mehr eine „ausschließlich persönliche oder familiäre Tätigkeit“ ist. Diese Wertungen korrelieren auch mit den und stützen die im Hinblick auf §§ 22 KUG, 1629 Abs. 2, 1796 Abs. 2, 181 BGB getroffenen Annahmen zur Sozialadäquanz des „Sich-zeigens“ als Familie[332] bzw. der Sozialinadäquanz der kommerziellen Vermarktung von Kinderbildern.

---

327 *Buchner*, FamRZ 2019, 665 (666); im Anschluss wohl auch *Alberts*, Die rechtliche Bewertung der Tätigkeit von Influencern, S. 301. Anders hingegen ebenfalls *Fritzsche/Knapp*, FamRZ 2019, 1905 (1910).

328 EuGH, Urt. v. 6.11.2003 – C-101/01, EuZW 2004, 245.

329 EuGH, Urt. v. 6.11.2003 – C-101/01, EuZW 2004, 245 (249). Vgl. i.Ü. die der Einordnung des § 1 Abs. 2 Nr. 2 JArbSchG zugrundeliegende Wertung unter V.2.a.

330 Vgl. *Rake*, FamRZ 2020, 1064 (1067).

331 So auch *Schimke*, NZFam 2019, 851 (853); auch in die Vertraulichkeit des Kommunikationsmittels dürften die Eltern grundsätzlich vertrauen.

332 Vgl. *Rake*, FamRZ 2020, 1064 (1067).

Die Eltern sind damit in diesem Bereich – neben den Plattformen[333] – nach Art. 5 Abs. 2 i.V.m. Art. 4 Nr. 7 DSGVO datenschutzrechtlich **verantwortlich**.

Die Verarbeitung personenbezogener Daten ist gem. Art. 6 Abs. 1 DSGVO nur rechtmäßig, wenn mindestens eine der dort festgelegten Voraussetzungen erfüllt ist. Zu der Voraussetzung der Einwilligung nach lit. a) stellen sich in Bezug auf die Einwilligungsfähigkeit die gleichen Fragen wie zu § 22 KUG. Zwar sind die Grundfragen der Stellvertretung angesichts der zentralen Wichtigkeit der Einwilligung im Regelungsgefüge unionsrechtlich autonom zu bestimmen[334]. Mangels ausdrücklicher Regelung und der insbesondere in Erwägungsgrund 38 ersichtlichen Wertung, dass eine potenzielle Gefährdung von Kindern die elterliche Vertretung ausschließt[335], kann insofern und bzgl. der Wirkung des Art. 8 Abs. 1 DSGVO aber auf die Ausführungen zu § 22 KUG verwiesen werden.

Die Erforderlichkeit der Verarbeitung für die **Vertragserfüllung** durch die betroffene Person gem. lit. b) kann zwar oberflächlich betrachtet bei Kooperationsverträgen vorliegen, jedoch muss der Vertrag hierfür direkt zwischen dem (vertretenen) Kind und dem Kooperationspartner geschlossen sein und die Verarbeitung/Veröffentlichung durch den Kooperationspartner – nicht die Eltern – erfolgen. Sähe man letzteres anders, könnte jeder beliebige Dritte die Daten des Betroffenen unter Berufung auf den (ggf. eigenen) Vertrag mit einem Anderen rechtmäßig verarbeiten. Dies kann nicht Ziel dieser Regelung sein, sondern die Vereinfachung des Rechtsverkehrs dergestalt, dass eine zusätzliche Einwilligung nicht erforderlich ist, wenn diese durch eine Ausübung der Privatautonomie implizit schon vorher erteilt wurde. Das kann zum Beispiel bei einem Model-Auftrag der Fall sein; auf die Influencer-Konstellation, bei der eine mehr oder weniger abgestimmte Marketing-Aktion vereinbart wird, passt diese Fallgruppe aber allgemein nicht.

Übrig bleibt die Möglichkeit der Geltendmachung eines die Interessen, Grundrechte und Grundfreiheiten der betroffenen Person **überwiegenden berechtigten Interesses** gem. lit. f). Bereits das Vorliegen eines berechtigten Interesses bei bloßem Mitteilungs- und Selbstdarstellungsbe-

---

333 So auch *Alberts*, Die rechtliche Bewertung der Tätigkeit von Influencern, S. 302 unter Verweis darauf, dass „[...] beispielsweise Facebook selbst in weitgehendem Umfang über die Datenverarbeitung und ihre Art und Weise entscheidet [...]".

334 So auch *Schimke*, NZFam 2019, 851 (853).

335 *Schimke*, NZFam 2019, 851 (853).

dürfnis eines Elternteils kann jedoch stark bezweifelt werden. Ähnliches gilt für ihre beruflichen Interessen.[336] Hinzu kommt, dass nach Hs. 2 von lit. f) ein Überwiegen des Interesses bei einem Kind als betroffener Person besonders sorgfältig zu prüfen ist – angesichts dieser besonders zu gewichtenden Schutzbedürftigkeit[337] liegt die Annahme eines überwiegenden Interesses besonders fern.[338]

Zusammenfassend ist festzustellen, dass bei angenommener grundsätzlicher Anwendbarkeit der DSGVO auf Fälle des *Sharenting* die Haushaltsausnahme nur bei eng begrenztem Adressatenkreis eingreift. Bei größerer Öffentlichkeit, insbesondere bei kommerziellem Hintergrund, ist die Veröffentlichung abhängig von der Einwilligung des Kindes. Diesbezüglich kann ebenfalls auf die Feststellungen zu § 22 KUG, insbesondere im Hinblick auf § 181 BGB, verwiesen werden.

Bei Verstößen gegen die DSGVO besteht neben einem Anspruch auf Löschung (Art. 17 Abs. 1 lit. b), c) oder d)) ggf. die Möglichkeit der Verhängung eines Bußgeldes (Art. 83) jeweils gegenüber Eltern wie Plattformbetreiber, wobei letztere im Rahmen der Störerhaftung nur bei positiver Kenntnis von dem Verstoß haften[339]. Darüber hinaus ergeben sich etwaige Schmerzensgeldansprüche aus § 823 Abs. 1 BGB i.V.m. Art. 2 Abs. 1, Art. 1 Abs. 1 GG[340].

Soweit ersichtlich, sind im Kontext des *Sharenting* bisher keine gerichtlichen Entscheidungen wegen Verstoßes gegen das KUG oder die DSGVO ergangen.

V. *Der Jugendarbeitsschutz*

1. Jugendarbeitsschutz im internationalen Recht

Neben den bereits erwähnten Art. 32 und 36 UN-KRK gibt es weitere völker- und unionsrechtliche Vorgaben in Bezug auf den Schutz von Kindern und Jugendlichen vor und bei der Arbeit.

---

336 So auch *Alberts*, Die rechtliche Bewertung der Tätigkeit von Influencern, S. 304.

337 *Rake*, FamRZ 2020, 1064 (1067).

338 So auch *Schimke*, NZFam 2019, 851 (854) mit dem zusätzlichen Verweis auf ein besonderes Schutzbedürfnis gegenüber den Eltern, welches sich daraus ergebe, dass diese aufgrund der persönlichen Nähe zu einem Persönlichkeitsprofil des Kindes mit besonderem Authentizitätswert beitragen können.

339 Zur Störerhaftung, s. *Wagner*, GRUR 2020, 329 (333 f.).

340 Hierzu z.B. BGHZ 199, 237.

So bestimmt Art. 32 GRCh: „Kinderarbeit ist verboten. Unbeschadet günstigerer Vorschriften für Jugendliche und abgesehen von begrenzten Ausnahmen darf das Mindestalter für den Eintritt in das Arbeitsleben das Alter, in dem die Schulpflicht endet, nicht unterschreiten. Zur Arbeit zugelassene Jugendliche müssen ihrem Alter angepasste Arbeitsbedingungen erhalten und vor wirtschaftlicher Ausbeutung und vor jeder Arbeit geschützt werden, die ihre Sicherheit, ihre Gesundheit, ihre körperliche, geistige, sittliche oder soziale Entwicklung beeinträchtigen oder ihre Erziehung gefährden könnte."

Die 1961 von den Mitgliedern des Europarates beschlossene Europäische Sozialcharta sowie ihre von 1996 revidierte Fassung gewähren in Art. 7 ein weitgehendes, detailliertes Schutzregime zugunsten von Kindern und Jugendlichen in Bezug auf Mindestalter, Arbeitsentgelt, Arbeitszeitbegrenzung und Berufsausbildung. Deutschland hat sie wegen der Befürchtung der Unvereinbarkeit nationalen Rechts nur teilweise ratifiziert.[341]

Sie und die 1989 von EG-Mitgliedern verabschiedete Gemeinschaftscharta der sozialen Grundrechte der Arbeitnehmer (Sozialcharta), die in Nr. 20–23 entsprechende Schutzregelungen enthält, wurden jedoch durch die Aufnahme in Art. 151 AEUV sowohl zur Auslegungshilfe als auch zur sozialpolitischen Ermächtigung der EU.[342]

Auf die Sozialcharta nimmt auch die RL 94/33/EG über den Jugendarbeitsschutz Bezug. Sie verbietet Kinderarbeit und regelt grundlegende Mindestvoraussetzungen für die abhängige Beschäftigung von (ausnahmsweise) arbeitsberechtigten (Kindern und) Jugendlichen. Deutschland hat die Richtlinie vor allem mit dem Zweiten Gesetz zur Änderung des JArbSchG[343] umgesetzt.

2. Das Gesetz zum Schutz der arbeitenden Jugend (JArbSchG)

a. Allgemeines

Das Gesetz zum Schutz der arbeitenden Jugend (JArbSchG) trifft Regelungen zum Schutz von Kindern und Jugendlichen vor Arbeit, die sie gefährdet, für sie zu schwer oder ungeeignet ist, oder in zeitlichem Ausmaß oder zeitlicher Lage überfordert. Hierdurch soll insbesondere eine gesunde Ent-

341 *Schubert*, in: Franzen/Gallner/Oetker, Art. 7 EUSozCh Rn. 1 f.

342 Hierzu *Eichenhofer*, in: Streinz (Hrsg.), EUV/AEUV, Art. 151 AEUV Rn. 23.

343 Zweites Gesetz zur Änderung des JArbSchG vom 24.2.1997, BGBl. 1997 I S. 311.

wicklung sichergestellt werden, indem Gesundheit, Arbeitskraft und Freizeit geschützt werden und die für die Entwicklung der Persönlichkeit und einer beruflichen Zukunft relevante Schulbildung gewährleistet wird.[344]

Entsprechend ist der Anwendungsbereich nach § 1 sehr weit gefasst, um **möglichst umfassenden arbeitsrechtlichen Schutz** des Kindes zu gewährleisten.[345] Dies ist vor dem Hintergrund des Ziels der Neufassung des JArbSchG im Jahr 1974, der Vereinheitlichung des Schutzniveaus, zu sehen: *„Mit den heutigen sozialen und gesellschaftlichen Vorstellungen ist es nicht vereinbar, daß das geltende Gesetz Jugendliche in bestimmten Bereichen (z. B. in der Landwirtschaft) weniger schützt als in anderen Bereichen"*[346].

Daher ist jegliche Art der Beschäftigung einer Person jünger als 18 Jahre erfasst: Berufsausbildung, Arbeitnehmerschaft, Heimarbeiterschaft und explizit auch ähnliche Verhältnisse. Letztgenanntes soll insbesondere gewährleisten, dass eventuell bestehende Gesetzeslücken geschlossen werden[347]. Die erforderliche Ähnlichkeit wird angenommen, wenn in einer weisungsabhängigen Stellung eine Dienstleistung erbracht wird, die dem Weisungsbefugten wirtschaftlichen Nutzen bringen soll, und zwischen den Parteien (zum Beispiel aufgrund gewisser Regelmäßigkeit[348]) eine mit einer Verpflichtung aus einem Arbeitsvertrag vergleichbar feste Bindung besteht.[349] Eine Beschäftigung setzt nämlich in jedem Fall die Erbringung einer privatrechtlichen, weisungsgebundenen Tätigkeit in persönlicher Abhängigkeit voraus[350]; selbstständige Tätigkeiten werden daher, wie auch in anderen Arbeitsschutzgesetzen, nicht erfasst.[351]

Damit der Geltungsbereich nicht unstatthaft weit gerät, muss bei der Feststellung eines Abhängigkeitsverhältnisses eine Abgrenzung zu Tätigkeiten im Eigeninteresse stattfinden: Tätigkeiten, die im eigenen Interesse und für den eigenen Bedarf vorgenommen werden, insbesondere auch

---

344 *Weyand*, JArbSchG, § 5 Rn. 1; *Schlachter*, in: ErfK ArbR, § 1 JArbSchG Rn. 1 und § 5 JArbSchG Rn. 1.

345 *Weyand*, JArbSchG, § 1 Rn. 3 f.; Entwurf eines Gesetzes zum Schutze der arbeitenden Jugend, BT-Drs. 7/2305, S. 18.

346 Entwurf eines Gesetzes zum Schutze der arbeitenden Jugend, BT-Drs. 7/2305, S. 25.

347 Entwurf eines Gesetzes zum Schutze der arbeitenden Jugend, BT-Drs. 7/2305, S. 26.

348 *Schlachter*, in: ErfK ArbR, § 1 JArbSchG Rn. 9.

349 *Weyand*, JArbSchG, § 1 Rn. 24.

350 *Weyand*, JArbSchG, § 1 Rn. 6 ff.

351 Zur Kritik hieran, s.u., VII.2.

Freizeitbeschäftigungen, fallen weder unter den Wortlaut noch unter den Schutzzweck des Gesetzes.[352]

Von dem Anwendungsbereich des Gesetzes ausgenommen werden durch § 1 Abs. 2 zudem erstens geringfügige Hilfsleistungen, u.a. soweit sie gelegentlich auf Grund familienrechtlicher Vorschriften erbracht werden (Nr. 1 lit. b)) und zweitens die Beschäftigung durch die Personensorgeberechtigten im Familienhaushalt (Nr. 2). Beide Fälle verweisen insbesondere auf § 1619 BGB, nach dem das Kind, solange es dem elterlichen Hausstand angehört und von den Eltern erzogen oder unterhalten wird, verpflichtet ist, entsprechend seiner Fähigkeiten und Kenntnissen den Eltern in ihrem Haushalt und Geschäft (d.h. bei jeder selbstständigen Tätigkeit[353]) Dienste zu leisten.[354] § 1619 wird hierdurch aber nur teilweise von dem Anwendungsbereich des JArbSchG ausgenommen, nämlich soweit die örtlich-sachliche Grenze des Familienhaushalts bzw. außerhalb dessen die zeitlich-sachliche Grenze der Gelegentlichkeit nicht überschritten wird. Erfasst bleiben also nicht bloß gelegentliche und geringfügige Hilfsleistungen im elterlichen Geschäft.[355]

Die **Beschäftigung durch die Personensorgeberechtigten** im Familienhaushalt ist nicht auf geringfügige Hilfsleistungen beschränkt, umfasst jedoch nur den privaten Lebensbereich, keine wirtschaftlichen Zwecke.[356] Auch wenn die Kamera durch die Inszenierung des Alltags gerade auch das Leben und die Tätigkeiten im Haushalt festhält, wird hierdurch ein Auftreten vor der Kamera noch nicht zur Dienstleistung im Haushalt. Von der Ausnahme des § 1 Abs. 2 Nr. 2 ist diese Tätigkeit daher nicht erfasst.

---

352 *Weyand*, JArbSchG, § 1 Rn. 23, 26.

353 *Von Sachsen Gessaphe*, in: MüKo BGB, § 1619 Rn. 20 m.w.N.

354 Zur Problembehaftetheit des § 1619 BGB, welcher ausweislich seiner Voraussetzungen mehr auf der überkommenen Vorstellung eines familiären Herrschaftsverhältnis als auf Solidarität beruht, vgl. *von Sachsen Gessaphe*, in: MüKo-BGB, § 1619 Rn. 2.

355 Anders bspw. in den USA, wo Arbeit für die Eltern von der Regulation in der Regel ausgenommen ist, s. *O'Neill*, Influencing the Future, Stanford Law Review Online Dec. 2019, 42 (45 f.): „The Supreme Court has recognized that the right to raise one's children is "essential" and has only stepped in to prohibit children working for a parent or guardian when the potential for harm is significant. Society generally accepts that the parent-child relationship is sacred, and the law of parenthood refuses to "enforce certain economic transactions" within that relationship. Congress recognized this in the Fair Labor Standards Act (FLSA), which governs child labor but does not apply to children employed by a parent […] Like the FLSA, state statutes often exempt children employed by their parents from child-labor laws."

356 *Schlachter*, in: ErfK ArbR, § 1 JArbSchG Rn. 17; *Weyand*, JArbSchG, § 1 Rn. 65.

Vielmehr handelt es sich um das **elterliche Geschäft**, den selbstständigen Betrieb eines Influencer-Accounts, in dem mitgewirkt wird. Doch scheitert eine Subsumtion bei einer (maßgeblich auch) auf die Person des Kindes gestützten Marketingtätigkeit in vielen Fällen bereits bei den JArbSchG-Merkmalen der Gelegentlichkeit oder Geringfügigkeit (d.h. zeitlich und kräftemäßig geringen Inanspruchnahme[357]), wenn nicht spätestens am Zumutbarkeitskriterium des weniger strengen § 1619 BGB: Für öffentlichkeitswirksame Beeinträchtigungen des Allgemeinen Persönlichkeitsrechts, die noch dazu irreversibel sind, kann eine Generalklausel wie der „Hauskind"-Paragraph und seine Ableitungen wohl kaum als Ermächtigung dienen, zumal die Tätigkeit maßgeblich auf dieser Beeinträchtigung aufbaut bzw. hierdurch ermöglicht wird[358]. Fraglich ist in solchen Fällen zudem die Einhaltung der Grenze des Kindeswohls[359]. Auf die ansonsten vorzunehmende Abgrenzung zwischen familienrechtlicher Mitarbeit und einem abhängigen Beschäftigungsverhältnis mit Entgeltzahlung[360] kommt es hier daher nicht an.

Der Geltungsbereich des JArbSchG ist daher grundsätzlich eröffnet. Auf die Problematik des Beschäftigungsbegriffs wird im Rahmen des § 6 einzugehen sein; so wird der Vergleich mit Situationen der Mitwirkung von Kindern in klassischen Medienangeboten ermöglicht.

b. Kinderarbeit ist verboten; hiervon gibt es Ausnahmen.
(Nicht: „Kinder dürfen arbeiten; es gibt aber Beschränkungen.")

Das JArbSchG nimmt grundlegend eine viergliedrige Unterteilung von Minderjährigen vor: In Kinder (1.) unter 13 und (2.) zwischen 13 und 15, sowie Jugendliche (3.) zwischen 15 und 18 Jahren, die (4.) bei fortbestehender Vollzeitschulpflicht wie Kinder zu behandeln sind.

---

357 *Schlachter*, in: ErfK ArbR, § 1 JArbSchG Rn. 14.

358 Dieser Unterschied zur Mithilfe des Kindes in einem von ihm unabhängigen Erwerbsgeschäft der Eltern wird auch herausgestellt von *Rosenstock*, in: DKHW, Zwischen Spielzeug, Kamera und YouTube, S. 20.

359 *Kienemund*, in: BeckOGK, § 1619 BGB Rn. 27 (Stand 1.5.2021).

360 Hierzu *von Sachsen Gessaphe*, in: MüKo BGB, § 1619 Rn. 34 f. Hier wäre zu klären, ob es für eine Entgeltzahlung auch ausreicht, wenn der Lohn auf ein Konto eingezahlt wird, auf welches das Kind erst später Zugriff erhält. Nach hiesiger Ansicht ist dies der Fall, da das Vermögen des Kindes unabhängig von seinem Zugriff gemehrt wird und die Vermögensverwaltung unabhängig vom Einzahlenden zunächst den Eltern obliegt.

Nach § 2 Abs. 1 JArbSchG ist Kind, wer noch nicht 15 Jahre alt ist. Dessen Beschäftigung ist gem. § 5 Abs. 1 grundsätzlich verboten – auch wenn manch ein Elternteil das aufgrund der bestehenden Ausnahmeregelungen, etwa in § 6, anders interpretiert[361]. Gemäß § 5 Abs. 3 gibt es eine Aufweichung für Kinder über 13 Jahren bei leichten und für Kinder geeigneten Tätigkeiten – erstgenanntes ist hiernach der Fall, wenn Sicherheit, Gesundheit und Entwicklung der Kinder sowie ihr schulisches bzw. berufliches Vorankommen nicht nachteilig beeinflusst werden.

Für Jugendliche über 15 Jahre existiert kein Arbeitsverbot, jedoch besondere Arbeitsschutzvorschriften (§§ 8 ff.), die ihrer andauernden Entwicklung und Vulnerabilität gerecht werden sollen. Sofern sie noch der Vollzeitschulpflicht unterliegen, finden jedoch die für Kinder geltenden Vorschriften Anwendung (§ 2 Abs. 3).

c. Behördliche Ausnahmen von dem Verbot der Kinderarbeit für Veranstaltungen

aa. Allgemeines

§ 6 JArbSchG regelt die Möglichkeit einer Befreiung von dem grundsätzlich bestehenden Verbot der ein Medienangebot gestaltenden Mitwirkung von Kindern u.a. bei Werbeveranstaltungen, Aufnahmen im Rundfunk (Hörfunk und Fernsehen), auf Ton- und Bildträger sowie bei Film- und Fotoaufnahmen, Abs. 1 Nr. 2.[362] Zuständig für die ermessensfehlerfreie Erteilung der gem. § 54 JArbSchG zu befristenden, ggf. mit Auflagen oder Bedingungen zu versehenden und jederzeit widerrufbaren Ausnahmegenehmigung ist gem. § 51 Abs. 1 die nach Landesrecht zu bestimmende Behörde. Zum Beispiel in Nordrhein-Westfalen sind dies die Bezirksregierungen, in Bayern die an diese angegliederten Gewerbeaufsichtsämter.

Nach Abs. 2 sind hierfür **Voraussetzung**: 1. die elterliche Zustimmung, 2. die Einhaltung altersabhängiger Höchstarbeitszeiten (für Kinder zwi-

---

361 So *Robert Henle*, Vater von Miley von *MileysWelt* in: Wenn Kinder als Influencer Geld verdienen, https://www.rtl.de/cms/wenn-kinder-als-influencer-geld-verdienen-4582410.html und in: WO IST MILEY GEBLIEBEN ??? Darum erscheinen kaum noch Videos | Family Fun, https://www.youtube.com/watch?v=BhCZYLHH-10 (beide zuletzt geprüft am 19.2.2021).

362 Vergleichbare Regelungen existieren z.B. auch in einigen US-Bundesstaaten für *child entertainment work* bzw. *child performer*, vgl. ausführlich hierzu *O'Neill*, Influencing the Future, Stanford Law Review Online Dec. 2019, 42 (46 ff.).

schen 3 und 6 Jahren bis zu 2 h täglich zwischen 8 und 17 Uhr, für Kinder zwischen 6 und 13 bis zu 3 h täglich zwischen 8 und 22 Uhr), 3. auf die Arbeit folgende min. 14 h Freizeit, 4. eine ärztliche Bestätigung der Erfüllung der gesundheitlichen Voraussetzungen durch das Kind, sowie 5. eine Nichtbeeinträchtigung der Schule. Ohne Niederschlag im Gesetzestext blieb die Vorstellung des Gesetzgebers[363], dass die Aufsichtsbehörde eine Bewilligung nur für insgesamt 30 Tage pro Jahr und Kind erteilen soll.

Diese Erteilungsvoraussetzungen werden freilich erst relevant, wenn der Anwendungsbereich des § 6 JArbSchG eröffnet ist.

Unabhängig von der rundfunkrechtlichen Einordnung insbesondere sog. Livestreams bei Instagram oder Facebook[364], umfasst der hier eng definierte Rundfunkbegriff ersichtlich keine Social Media-Auftritte. Erfasst sind sie aber als **Foto- und Filmaufnahmen** als Übermittlung von Gedankeninhalten durch Bilder(-reihen), denn diese scheinen hier, anders als in Art. 5 Abs. 1 S. 2 GG, keinen chemisch-optischen Bildträger vorauszusetzen[365] – schließlich wird die Aufnahme auf einen Ton- oder Bildträger als weitere, hiervon unabhängige Kategorie aufgeführt. Je nach Intensität der kommerziellen Prägung im Einzefall, kann es sich auch um eine bewilligungspflichtige **Werbeveranstaltung** handeln.

Es muss sich um eine **gestaltende Mitwirkung** handeln, d.h. die Beteiligung des Kindes muss ein wesentliches Element bilden; nur anlässlich oder im Zusammenhang mit der Veranstaltung stehende Tätigkeiten können nicht genehmigt werden.[366] Das Ministerium für Arbeit, Gesundheit und Soziales des Landes Nordrhein-Westfalen nimmt eine gestaltende Mitwirkung etwa an, wenn der Rezipient von dem Kind direkt angesprochen wird oder das Kind (etwa bei Live-Videos) auf schriftliche Kommentierungen eingeht.[367] Eine solche kommunikative Verbindung kann jedoch nur hinreichendes, nicht notwendiges Kriterium sein: Angesichts dessen, dass Charakteristikum der Influencer-Tätigkeit gerade der Einblick in das (vermeintlich natürliche, ungestellte) Privatleben ist, kann auch ein sons-

---

363 Entwurf eines Gesetzes zum Schutze der arbeitenden Jugend, BT-Drs. 7/2305, S. 28.

364 Hierzu u.a. LfM NRW, Bin ich Rundfunk?, https://www.medienanstalt-nrw.de/themen/rundfunklizenzen.html (zuletzt geprüft am 19.2.2021).

365 Zu Art. 5 Abs. 1 S. 2 GG *Schemmer*, in: BeckOK GG, Art. 5 Rn. 90 (Stand 15.5.2021).

366 *Weyand*, JArbSchG, § 6 JArbSchG Rn. 9 f.

367 Antwort der Landesregierung auf die Kleine Anfrage 3873 vom 17. Juni 2020 , LT-Drs. 17/10300 (NRW), S. 2.

tiges Auftreten der Kinder maßgeblich zum Gesamteindruck beitragen – zumal sie das *Unique Selling Point* der Eltern sind[368]. Dies sei an folgendem Beispiel illustriert: Es besteht eine Kooperation mit einem Spielzeug-Hersteller. Anlässlich dieser filmt die Mutter sich selbst mit dem spielenden Kind im Hintergrund und berichtet dabei ihren Followern von ihrer „Entdeckung im Spielzeuggeschäft". Gegebenenfalls ändert sie zwischendurch die Perspektive und filmt das (vermeintlich) frei spielende Kind. Hier bildet das Kind ein, wenn nicht gar *das* wesentliche Element der Aufnahme, ohne selbst kommunikativ nach außen zu treten.

bb. Das Problem der „Beschäftigung"

Problematisch erscheint, ob die geschilderten Regelungen auf Kinder-Influencer überhaupt Einfluss nehmen (können). Die Erteilung einer behördlichen Ausnahmegenehmigung ist nämlich dann nicht erforderlich, wenn es sich schon um keine Beschäftigung i.S.d. § 1 Abs. 1 handelt – in diesem Fall findet das JArbSchG keine Anwendung.

(1) Gestellte Szene oder doch natürliches Verhalten?

Das erste Problem ergibt sich abhängig von der Art der geteilten Inhalte. Entgegen einem durch die Lektüre des § 6 JArbSchG vielleicht entstehenden „Rechtsgefühl" ist auch die **Mitwirkung von Kindern unter drei Jahren** an Foto- und Filmaufnahmen möglich – durch eine Subsumtion, die nur bei gestellten Szenen und/oder sonstigen Anweisungen eine Beschäftigung annimmt, wofür insbesondere das Stattfinden von Proben ein Indiz sein soll.[369] Eine Regulierung durch das JArbSchG geschieht hier nicht; der Schutz der Kleinkinder U3 bleibt allein den Sorgeberechtigten überlassen. Entsprechendes gilt dann aber auch für ältere Kinder, von deren natürlichen Verhaltensweisen Aufnahmen („Produktionen mit dokumentarischem Charakter"[370]) angefertigt und hochgeladen werden. Das Ministerium für Arbeit, Gesundheit und Soziales des Landes Nord-

---

368 S.o., B.III.
369 *Weyand*, JArbSchG, § 1 Rn. 33 f.
370 Antwort des Niedersächsischen Ministeriums für Soziales, Gesundheit und Gleichstellung auf die Kleine Anfrage LT-Drs. 18/7434, LT-Drs. 18/7668 (Nds), S. 2.

rhein-Westfalen selbst verlinkt auf seiner Website eine Broschüre des Landschaftsverbands Rheinland (LVR)[371], in der festgestellt wird: „*Aus den aktuellen rechtlichen Grauzonen im Jugendarbeitsschutzgesetz ergibt sich eine besondere Verantwortung für die Eltern*" – ggf. unzureichende Regelungen werden also explizit festgestellt, die Verantwortung bei den Eltern verortet. Auf den ersten Blick passt dies zu der primären Zuständigkeit der Eltern für das Kindeswohl (genauer: Pflege und Erziehung) gem. Art. 6 Abs. 2 GG. Die eigentliche Absurdität wird jedoch spätestens bei einer – noch festzustellenden – arbeitgeberähnlichen Stellung der Eltern von Kinder-Influencern angesichts des offenkundigen Interessenkonflikts deutlich.

(2) Vorliegen einer arbeitnehmerähnlichen Stellung

Im Fall von Influencern ist schon bei gestellten Situationen die Anwendung des JArbSchG fraglich. Zur Erinnerung: Eine Beschäftigung setzt die Erbringung einer privatrechtlichen, weisungsgebundenen Tätigkeit in persönlicher Abhängigkeit voraus; eine ähnliche Dienstleistung wird angenommen, wenn in einer weisungsabhängigen Stellung eine Dienstleistung erbracht wird, die dem Weisungsbefugten wirtschaftlichen Nutzen bringen soll, und zwischen den Parteien eine mit einer Verpflichtung aus einem Arbeitsvertrag vergleichbar feste Bindung besteht.[372]

Ein Arbeitnehmer- bzw. Heimarbeiterverhältnis zu den „kooperierenden", also eine Werbung in Auftrag gebenden Unternehmen wird in aller Regel ausscheiden, und auch der Einbezug sonstiger, arbeitnehmerähnlicher Dienstleistungen hilft nicht weiter: Zwar machen die **Kooperationspartner** oft Vorgaben, wie die beworbenen Waren gezeigt werden sollen bzw. wie Hintergrund und Influencerin auszusehen haben[373], sodass eine gewisse Weisungsgebundenheit vorliegt. Angesichts ständig wechselnder Kooperationen kann eine persönliche Abhängigkeit jedoch nicht bejaht werden – der Influencer selbst wird zur „Marke", die von dem einzelnen Unternehmen unabhängig besteht. Das Risiko der wirtschaftlichen Verwertung der eigenen Arbeitsleistung liegt bei dem Influencer. Es handelt sich um eine selbstständige Tätigkeit.[374]

---

371 Landschaftsverband Rheinland (LVR), Vorsicht! Kinder vor der Kamera.

372 S.o., D.V.2.a.

373 So auch bei Emilia, vgl. *Beckschebe*, Jung und einflussreich, Kinder als Influencer.

374 Vgl. auch *Willems*, MMR 2018, 707 zur Einordnung als Unternehmer.

Anders sieht dies jedoch im **Eltern-Kind-Verhältnis** bei Eltern-Influencern und ggf. durch die Eltern „gemanagten“ Kidfluencern aus. Dies mag zunächst kontraintuitiv erscheinen, es sei aber daran erinnert: Das Bestehen eines Beschäftigungsverhältnisses ist unabhängig von der Rechtsform bzw. Bezeichnung. Sonst könnte der in der Regel wirtschaftlich stärkere Arbeitgeber bestimmen, ob der Anwendungsbereich der Schutzvorschriften eröffnet ist, was mit dem angestrebten möglichst umfassenden arbeitsrechtlichen Schutz des Kindes kollidieren würde.[375] Und: Zwar ist § 1619 BGB hier nicht anwendbar[376], jedoch ist auch dort anerkannt, dass die gesetzliche Dienstleistungspflicht von vertraglichen Leistungsverhältnissen abzugrenzen ist[377], sodass sich innerfamiliäre wirtschaftliche Zusammenarbeit nicht in einem quasi-rechtsfreien, auf dem Prinzip des Beistands beruhenden Raum bewegen muss. Hier sind die Eltern oft „Auftraggeber und Fürsorger in einer Person“[378].

Sofern die Ideen für die Aufnahmen maßgeblich von den Eltern entwickelt bzw. die Vorstellungen kooperierender Unternehmen verwirklicht werden und den Kindern insofern Weisungen erteilt werden, liegt angesichts der engen Bindung von Kind und Eltern die Annahme eines arbeitnehmerähnlichen Verhältnisses nahe[379]; haben die Eltern aufgrund von Influencer-Geldeinnahmen ein Gewerbe angemeldet (bzw. waren hierzu verpflichtet), erscheint die Sache umso klarer[380].

Im Fall von Kidfluencern tritt die Tatsache hinzu, dass ohne Mitwirkung der Eltern der Betrieb eines Accounts auf den einschlägigen Plattformen nach deren Nutzungsbedingungen gar nicht möglich ist[381]. Diese Mitwirkung kann jedoch auch eine bloße Unterstützungshandlung darstellen, weshalb sie für die Annahme einer arbeitnehmerähnlichen Stellung nur als Indiz fungieren kann.

Ebenfalls ein Indiz können einstudierte, immer wiederkehrende Phrasen sein oder etwa zufällig (?) platzierte Notizbücher auf dem Schreibtisch.[382] Allein die Tatsache, dass vermeintlich bloß „natürliche Lebens-

---

375 *Weyand*, JArbSchG, § 1 Rn. 3 f.; Entwurf eines Gesetzes zum Schutze der arbeitenden Jugend, BT-Drs. 7/2305, S. 18.

376 S.o., D.V.2.a.

377 Siehe *Pöcker*, in: BeckOK BGB, § 1619 BGB Rn. 6 ff. (Stand 1.5.2021).

378 *Holsten*, epd medien 2020, 3 (4).

379 So i.E. auch *Alberts*, Die rechtliche Bewertung der Tätigkeit von Influencern, S. 297 f.

380 So auch *Dreyer*, in: DKHW, Zwischen Spielzeug, Kamera und YouTube, S. 15.

381 S.o., B.III.

382 Vgl. Yilmaz, in: DKHW, Zwischen Spielzeug, Kamera und YouTube, S. 24.

äußerungen" des Kindes bzw. alltägliche Situationen wie Spielen, Sport oder der Weg zur Schule gezeigt werden, schließt die Annahme einer Beschäftigung bzw. das Handeln im Rahmen eines arbeitnehmerähnlichen Verhältnisses jedoch nicht aus bzw. rechtfertigt keine irgendwie geartete Vermutungsregel.[383] Ein „Vorspielen" dieser Situationen – etwa verbunden mit der *zufälligen* Erwähnung der Bezeichnung bzw. des Markennamens des Spielzeugs[384], der Sportschuhe oder des Schulranzen – erscheint nämlich nicht unbedingt ausgeschlossen. Die das Influencer-Marketing (zumindest in seiner ursprünglichen Form) gerade prägende Subtilität der Werbehandlungen sollte insofern bei der in jedem Fall erforderlichen, genauen Einzelfallbetrachtung mahnend im Hinterkopf behalten werden.

Die auffallend oft ertönende Versicherung, das Kind mache alles freiwillig, kann wohl nicht zu jedem Zeitpunkt eingehalten werden – insbesondere, wenn heimliche oder überraschende Aufnahmen erstellt werden oder neue Inhalte zu bestimmten Zeitpunkten angekündigt werden. Ebenso wenig handelt es sich ab einer gewissen Quantität und Qualität von Zeit- und Kraftaufwand um ein bloßes Hobby, welches als Tätigkeit im eigenen Interesse und für den eigenen Bedarf weder unter den Wortlaut noch den Schutzzweck des Gesetzes fiele[385].

Freilich sind die genannten Voraussetzungen nicht bei allen Kidfluencern gegeben. Nicht umsonst ermöglicht **§ 112 BGB** unter gewissen Bedingungen den selbstständigen Betrieb eines Erwerbsgeschäfts auch durch beschränkt geschäftsfähige Minderjährige, geht also davon aus, dass auch Kinder unabhängig erwerbswirtschaftlich tätig sein können.[386] In diesem Fall würden (vermeintlich bloß) helfende Eltern wohl eher als Angestellte des Kindes gewertet. Eine solche Konstellation ermöglicht jedoch auch eine Art Strohmanngeschäft, bei dem die „Selbstständigkeit" des Kindes nach außen hin besteht, die Eltern es aber unter Umgehung der Schutzvorschriften steuern.[387]

383 So aber *Alberts*, Die rechtliche Bewertung der Tätigkeit von Influencern, S. 298, 300.

384 Insofern beispielhaft die Erwähnung des „Spritzwals", s. C.II.

385 Siehe C.III.

386 Zu dem hiervon abzugrenzenden Verfahren nach § 1645 BGB, bei dem die Eltern im Namen des Kindes ein Erwerbsgeschäft gründen, s. D.II.3.

387 Zu den Konsequenzen, s.u., G.II.

(3) Private Postings

Anknüpfend an die Diskussion um die Kennzeichnungspflicht von Werbung und den Regierungsentwurf eines Gesetzes zur Stärkung des Verbraucherschutzes im Wettbewerbs- und Gewerberecht[388], ist die Frage zu beantworten, ob die Auffassung, dass nur noch Postings mit Gegenleistung als Werbung gekennzeichnet werden müssen, auch Auswirkungen auf die Beurteilung des Vorliegens von Arbeit hat. Insbesondere könnte man überlegen, auch hier kommerzielle Postings (mit Gegenleistung) von privaten (hobbymäßigen) abzugrenzen, sodass nur die zuerst erwähnten zur Sachverhaltsklärung, ob es sich um ein gelegentliches Hobby oder Arbeit handelt, überhaupt herangezogen würden bzw. bei Anwendung des JArbSchG zur Arbeitszeit zählten.

Dies würde aber die unterschiedlichen Zielrichtungen von UWG und JArbSchG nicht hinreichend in Rechnung stellen; es handelt sich um verschiedene, nicht vergleichbare Regelungskomplexe – bildlich gesprochen, um zwei Paar Schuhe. Das JArbSchG hat, wie bereits mehrfach erwähnt, einen weiten Ansatzpunkt, um Kinder zu schützen. Die Kennzeichnungspflicht hingegen entspringt dem Lauterkeitsrecht, schützt den Wettbewerb und mittelbar die Verbraucher, indem diese den Hintergrund einer Aussage erkennen können sollen. Aus der Tätigkeit als Influencerin ergibt sich die Notwendigkeit, private und (offen) kommerzielle Postings abzuwechseln; mit den privaten Postings steht und fällt die für die Tätigkeit konstitutive Glaubwürdigkeit, sie wirken „wertsteigernd“[389]. Zudem: Unbestellte „Empfehlungen“, die entsprechend ohne Gegenleistung erfolgen, können auch dazu dienen, das beworbene oder ein ähnliches Unternehmen auf sich aufmerksam zu machen, um eine Kooperation anzubahnen. Insofern sind beide Varianten trotz mangelnder (direkter) Gegenleistung untrennbar mit kommerziellen Postings verbunden. Die Tätigkeit auf dem Account lässt sich insofern nicht aufteilen.[390] Daher haben auch scheinbar private, „hobbymäßige“ Postings an der Einordnung als Arbeit teil. Das gleiche gilt für die Tätigkeiten, die die Postings erst ermöglichen, vorbereiten und nachbereiten.

388 Siehe B.II.

389 Auf den Werbewert abstellend auch BGH I ZR 90/20, juris-Rn. 42.

390 Insofern aber wohl differenzierend das Ministerium für Arbeit, Gesundheit und Soziales NRW in der Antwort der Landesregierung auf die Kleine Anfrage 3873 vom 17. Juni 2020 , LT-Drs. 17/10300 (NRW), S. 2.

d. Zwischenergebnis

Als Ergebnis lässt sich daher festhalten, dass das JArbSchG theoretisch schon heute auf viele Kinder, die auf kommerziellen Social Media-Accounts auftreten, anwendbar ist. Sofern unter den Begriff des arbeitnehmerähnlichen Verhältnisses nicht subsumiert bzw. eine Beschäftigung aufgrund bloß bei Gelegenheit entstandener Aufnahmen natürlichen Verhaltens nicht angenommen werden kann, liegt eine Gesetzeslücke vor, die angesichts des klaren Wortlauts wohl auch durch völkerrechtskonforme Auslegung im Hinblick auf das Ausbeutungsverbot[391] nicht geschlossen werden kann.

3. Haltung der Behörden

Holger Hofmann, Geschäftsführer des Deutschen Kinderhilfswerks (DKHW) attestierte bei einem gemeinsamen Fachtag mit der Kommission für Jugendmedienschutz (KJM) angesichts der bestehenden gesetzlichen Regelungen im Hinblick auf das Auftauchen von Kindern im Influencer-Marketing ein Überwiegen des Umsetzungsbedarfs gegenüber einem Anpassungsbedarf. Die für Gewerbeaufsicht und Jugendschutz zuständigen Ämter müssten ihrer Verantwortung auch im digitalen Raum durch routinemäßige Überprüfung und Sensibilisierung der Eltern nachkommen.[392]

Um die Haltung der Behörden in Erfahrung zu bringen und ihre rechtliche Auffassung nachzuvollziehen, hat die Autorin der vorliegenden Untersuchung im April 2020 bei den für Arbeitsschutz zuständigen Ministerien bzw. Landesämtern als Schnittstelle der mit der Ausführung betrauten Behörden um Stellungnahme zu folgenden Fragen gebeten:

1. Prüft die zuständige Behörde bzgl. sog. Influencer-Kanäle in den Sozialen Netzwerken, an denen Kinder beteiligt (sog. Mommy-Influencer bzw. Family-Influencer) oder nahezu ausschließlich zu sehen sind (sog. Mini-Influencer oder Kidfluencer) die Einhaltung des Arbeitsschutzes

391 Das JArbSchG kann angesichts der Einwirkung des Völkerrechts auf das nationale Recht auch den Begriff der Kinderarbeit nicht abschließend definieren. So aber implizit Niedersächsisches Ministerium für Soziales, Gesundheit und Gleichstellung auf die Kleine Anfrage LT-Drs. 18/7434, LT-Drs. 18/7668 (Nds), S. 2 mit der Antwort auf Frage 2.

392 DKHW/KJM, Veranstaltungsbericht Fachtag „Zwischen Spielzeug, Kamera und YouTube", S. 2.

nach dem JArbSchG, insbesondere eine zu beantragende Ausnahmegenehmigung gem. § 6 Abs. 1 Nr. 2 JArbSchG?
2. Ggf.: Wie ist die Haltung des Ministeriums bzw. der Senatsverwaltung zu dieser Angelegenheit?
3. Wurden solche Ausnahmegenehmigungen nach § 6 JArbSchG bisher bereits beantragt? (Ggf.: Von welcher Art Influencer?)
4. Wurden diese erteilt?

Hinter der ersten Frage verbargen sich zwei Teilfragen, erstens die nach der Anwendbarkeit des JArbSchG und zweitens die nach der (routinemäßigen) Überprüfung der Sozialen Netzwerke entsprechend dem Vorgehen der Landesmedienanstalten.

Auf diese Anfrage reagierten 13 der 16 Länder; eine Antwort schuldig blieben damit nur Brandenburg, Mecklenburg-Vorpommern und das Saarland.

a. Die (fehlende) Relevanz im behördlichen Alltag

Bei der Auswertung der Rückmeldungen zeigte sich, dass die Ministerien nur ganz vereinzelt Kenntnis von entsprechenden Anträgen bzw. Genehmigungserteilungen hatten. Ohne weitergehende Informationen wurde aus Bayern von einer erteilten Ausnahmegenehmigung berichtet.[393] In Nordrhein-Westfalen war eine solche beantragt worden und wurde zu dem Zeitpunkt der Anfrage noch geprüft. In Schleswig-Holstein gab es folgenden Fall: Der Vater einer Familie, welche mehrere Kanäle auf YouTube betreibt, stellte einen Antrag, der positiv beschieden wurde. Das angehörte Jugendamt äußerte keine Bedenken gegen die Beschäftigung.

Die Ursachen für diese wenigen Fälle liegen sowohl bei den Familien selbst als auch bei dem Social Media-Publikum und den Behörden. Wie bereits geschildert, erachten viele Menschen das Auftreten von Kindern im Internet als „normal“, ordnen es als Hobby ein. Angesichts des mit einer Antragstellung verbundenen Aufwandes und der unklaren Regelungslage, liegt eine Antragstellung auch nicht im Interesse der Eltern. Gleichzeitig wurde von den befragten Stellen einhellig übermittelt, eine Überprüfung (und teilweise genannte bedarfsfällige Kontaktierung des zuständigen Jugendamtes) erfolge nur bei konkreten Anfragen oder Hinweisen, also nicht proaktiv. Hinzu tritt, dass sich zum Zeitpunkt der Abfassung dieser

---

393 Hierbei handelte es sich wahrscheinlich um die für *MileysWelt*.

Arbeit bei einer Google-Recherche u.a. mit der Suchanfrage „Kinder Influencer Arbeitsgenehmigung“ keinerlei offizielle Informationen zur Sensibilisierung der Eltern finden ließen.

b. Die Anwendbarkeit des JArbSchG

Dabei erachteten alle antwortenden Ministerien das JArbSchG zumindest potenziell für anwendbar, wenngleich sie auch mit unterschiedlicher Betonung auf das Problem der Einordnung als Beschäftigung zu sprechen kamen. Hierbei gingen sie entweder von dem Erfordernis der darstellenden Tätigkeit oder von dem *Nichtvorhandensein des Regelfalls* der bloßen Dokumentation des Alltags aus, was bereits Symptom unterschiedlicher Grundhaltungen sein kann.

Neben den teilweise aufgeführten, allgemein zu prüfenden Voraussetzungen einer Beschäftigung bzw. Arbeitnehmer- oder arbeitnehmerähnlichen Stellung wurden durch vier Ministerien eines oder mehrere der folgenden, auf die Situation von Influencern stärker zugeschnittenen Kriterien genannt, die für eine Genehmigungserteilung in den Blick zu nehmen wären:

1. der zeitliche Umfang der Aufnahmen,
2. (vertragliche) Verpflichtungen des Kindes/Jugendlichen,
3. der Charakter der Aufnahmen (Dokumentation des Alltags oder drehbuchartige Planung?),
4. inwieweit Artikel oder Dienstleistungen werbeartig präsentiert werden (product placement),
5. wie groß die durch die Veröffentlichung erzielten Einnahmen (auch im Verhältnis zu sonstigen Einkünften der Familie) sind.

Der erste Punkt war bereits oben[394] Teil der Prüfung, ob die Tätigkeit in ihrer Quantität und Qualität über ein bloßes Hobby hinausgeht. Punkt zwei, die vertraglichen Verpflichtungen, können ebenfalls Indiz für eine hohe Intensität der Tätigkeit sein, ihr Vorliegen darf aber nicht verlangt werden. Es ist nämlich auch denkbar, dass nur die Eltern einer solchen vertraglichen Verpflichtung unterliegen und ihre Kinder zu entsprechenden Handlungen anleiten; an der Schutzbedürftigkeit der Kinder ändert sich hierdurch nichts.

---

394 Unter D.V.2.c.bb.(2).

Zum dritten Punkt ließen Schleswig-Holstein und Thüringen verlauten: „*Es muss dem Kind freigestellt sein, sich auf Interaktionen mit den Eltern einzulassen, sie zu ignorieren oder zurückzuweisen*“. Hierbei bleibt jedoch unklar, wie mit Graubereichen jenseits der geschilderten bzw. angedeuteten Alternativen „von bloßer Dokumentation völlig unbeeinflusstem kindlichen Verhalten“ und „drehbuchartige Planung“ umgegangen würde, zum Beispiel einer spontanen Filmpause, die später durch Videobearbeitung nicht mehr erkennbar ist, um Anregungen oder Bitten an das Kind vorzubringen. Zudem stellt sich die Frage, wie dies kontrolliert werden sollte.

Punkt vier ist kein taugliches Differenzierungskriterium, wenn bloß die reine Existenz von *product placements* überprüft wird – denn diese sind bei den betrachteten Influencern schon charakterisierendes Merkmal. Ist hiermit hingegen die Untersuchung des absoluten und relativen Anteils von werblichen Postings im Account gemeint, stellt dies eine gute Ergänzung des ersten Punktes dar.

Der fünfte Punkt ist vor dem Hintergrund der oben geschilderten Einnahmemöglichkeiten und teilweise erfolgenden Kündigung der Arbeitsstellen durch die Eltern zu sehen und untersucht im Ergebnis eine drohende Kindeswohlgefährdung durch Überforderung.

c. Praktische Probleme

Die Antworten aus Berlin und Nordrhein-Westfalen gaben nicht nur Auskunft über die Rechtsauffassung der Ministerien und die derzeitige Praxis, sondern erwähnten auch aus deren Sicht bestehende praktische Probleme, die unter den Stichworten *Kontrolldefizit* und *Zuständigkeitskonflikt* zusammengefasst werden können.

Das Landesamt für Arbeitsschutz, Gesundheitsschutz und technische Sicherheit Berlin merkte – nach Referieren der Voraussetzungen einer arbeitnehmerähnlichen Dienstleistung und Ablehnung deren Vorliegens – an: „*Ein Weiteres kommt hinzu: Da die Aufnahmen im privaten Umfeld (zuhause) stattfinden, wären die behördlichen Möglichkeiten der Überprüfung einer Beschäftigung im o.g. Sinne stark eingeschränkt. „Arbeitsstätten“ in einer Wohnung dürfen nur zur Verhütung von dringenden Gefahren für die öffentliche Sicherheit und Ordnung betreten und besichtigt werden. Darüber hinaus würde eine solche Überprüfung wenig erfolgversprechend sein, da die Herstellungszeiten der Videos nicht bekannt sind. Eine Verpflichtung der Eltern zur Selbstanzeige besteht nicht.*“

Dem muss man entgegenhalten, dass (allein oder zusätzlich) möglicherweise auftretende exekutive Schwierigkeiten nicht rechtfertigen können, einen in die Rechte von Kindern zunehmend eingreifenden Bereich der Arbeitswelt von der Kontrolle auszunehmen. Zudem gibt es neben dem (eingeschränkten) Besichtigungsrecht des § 51 JArbSchG weitere Möglichkeiten, die Einhaltung der Schutzvorschriften zumindest teilweise zu kontrollieren. Belegt wird dies etwa durch die Vorschriften zur gesundheitlichen Betreuung (§§ 32 ff. JArbSchG) und die Pflicht des § 50 JArbSchG, auf Verlangen Verzeichnisse vorzulegen, aus denen Name, Beschäftigungsart und -zeiten der Jugendlichen sowie Lohn- und Gehaltszahlungen ersichtlich sind. Sollte sich zeigen, dass diese Instrumente bei dem Umgang mit im Influencer-Kontext auftretenden Kindern nicht ausreichen, und sollten andere Möglichkeiten nicht ersichtlich sein, wäre von gesetzgeberischer Seite *ultima ratio* über eine weitere Beschränkung des Art. 13 GG nachzudenken.

Das angeführte Nichtbestehen einer Verpflichtung der Eltern zur Selbstanzeige kann sich nur auf den Verstoß gegen Arbeitsschutzvorschriften des Dritten Abschnitts beziehen und drückt insofern bloß eine Selbstverständlichkeit aus. Eine Anzeigepflicht bzgl. der Beschäftigung bzw. Einholung einer Ausnahmegenehmigung besteht natürlich, abgesichert durch die Straf- und Bußgeldvorschriften des Fünften Abschnitt des JArbSchG.

Das Ministerium für Arbeit, Gesundheit und Soziales des Landes Nordrhein-Westfalen sah bereits Probleme hinsichtlich einer proaktiven Überprüfung von Social Media Accounts: „*Eine flächendeckende Überprüfung der Einhaltung des JArbSchGs im Kontext sog. Influencer-Kanäle ist bisher nicht erfolgt, weil es nicht ohne Weiteres ersichtlich ist, wo der / die minderjährige Influencer/-in seinen / ihren jeweiligen Wohnsitz hat. Damit die jeweiligen Influencer-Aktivitäten der zuständigen Behörde im richtigen Bundesland zugeordnet werden können, ist entscheidend, den Wohnsitz des Kindes / Jugendlichen zu ermitteln*“.

Dieses Problem ist aber weder neu, noch stellt es sich speziell für die proaktive Überwachung[395] oder gar die Einhaltung des JArbSchG im digitalen Kontext. Auch die Medienanstalten[396] suchen bei der Ausübung ihrer Aufsicht, etwa bzgl. der Einhaltung des JMStV (s.u.) oder der Pflicht zur Werbekennzeichnung nach § 6 Abs. 1 Nr. 1 TMG, proaktiv nach

395 Auch bei einem entsprechenden Hinweis bzw. einer Beschwerde aus der Bevölkerung sind diese Ermittlungen erforderlich.

396 Die Autorin dankt in diesem Zusammenhang Herrn Henning Mellage von der LfM NRW für die Beantwortung ihrer Fragen über die Praxis der Aufsicht.

Rechtsverstößen durch Telemediendienstanbieter. Hierbei können sie, um ihre Zuständigkeit[397] festzustellen, zunächst deren Impressum[398] nutzen. Voraussetzung hierfür ist freilich, dass der Anbieter sich dieser Pflicht nicht entzieht und dadurch die Sanktionierung weiterer Verstöße zumindest erheblich erschwert. Sollte lediglich eine E-Mail-Adresse angegeben sein, kann diese zur ersten Kontaktaufnahme und damit zur Klärung der Zuständigkeitsfrage genutzt werden; sollten die fehlende Impressumsangabe und weitere Verstöße aus Unwissenheit erfolgen, ist eine Reaktion darauf nicht unwahrscheinlich.

Bei dem bereits mehrfach erwähnten YouTube-Kanal *MileysWelt* zum Beispiel ist ein Impressum vorhanden[399], der Ableger auf Instagram enthält einen Link hierhin.

Angesichts dieser Erfahrungswerte sollte es auch den für die Überwachung des JArbSchG zuständigen Behörden möglich sein, entsprechend vorzugehen. Zudem zeigt die Erfahrung, dass eine Durchsicht insbesondere der privaten Inhalte der Accounts sehr häufig Indizien für den wahrscheinlichen Wohnort der Inhaberin hervorbringt, welcher dann weitere Anhaltspunkte für die Identität bieten kann. In Bezug auf das JArbSchG erscheint angesichts der oben beschriebenen Risiken sogar ein gegenüber der Medienaufsicht gesteigerter Ermittlungsaufwand geboten.

Sollte die Behörde hierbei auf einen Fall stoßen, für den keine eigene Zuständigkeit besteht, sollte (wie dies auch bei den Medienanstalten üblich ist) die tatsächlich zuständige Behörde auf den Fall aufmerksam gemacht werden – einerseits, um Ressourcen zu sparen, andererseits zur Steigerung der Effektivität des Schutzes der betroffenen Kinder und Jugendlichen.

d. Zwischenergebnis

Die Befragung der Behörden hat gezeigt, dass neben den bereits erwähnten normativen Problemen, die so ebenfalls von der Exekutive gesehen

397 Diese richtet sich nach dem Sitz des jeweiligen Anbieters.

398 Hierzu s. B.II.

399 https://www.youtube.com/user/CuteBabyMiley/about (zuletzt geprüft am 16.2.2021). Fraglich erscheint hier jedoch, ob die – vor dem Hintergrund des Persönlichkeitsschutzes (s. Fn. 58) durchaus verständliche – Angabe lediglich der Anschrift des Managements den Anforderungen des § 5 TMG genügt.

werden, auch die Haltung der Behörden selbst ein Problem bei der Durchsetzung der Rechte und dem Schutz des Kindes darstellen.
Eines sei zum Schluss noch erwähnt: Bei der Durchsicht der Antworten stach ins Auge, dass sich einige Textbausteine glichen, sowohl bei der Definition des Anwendungsbereichs des JArbSchG als auch an anderen, weniger drittquellen-affinen Stellen. Insofern steht eine Absprache der antwortenden Stellen im Raum, die, sofern sie nicht nur anlässlich der konkreten Anfrage erfolgte, angesichts des in Deutschland einheitlich auftretenden Phänomens der Influencerinnen ausdrücklich zu begrüßen wäre. Eine Abstimmung eines bundeseinheitlichen Vollzugs wurde zumindest von drei Stellen in den Antworten angedacht.

4. Zusammenfassung

Dass das Auftreten von Kindern im Zusammenhang mit Influencer-Marketing eine Form der Kinderarbeit bzw. wirtschaftlichen Ausbeutung von Kindern darstellt, wird oft übersehen – von dem Gesetzgeber, den Behörden, den Eltern und der Gesellschaft.

Die derzeitige Regelungslage adressiert dieses Problem nicht in ausreichendem Maße: Aufnahmen von Kindern im Rahmen von Dreharbeiten, zum Beispiel für Filme, sind klar aus dem privaten Bereich herausgenommen und werden reguliert. Bei kommerziellen Aufnahmen aus dem privaten Bereich zeigen sich Probleme in der Subsumtion unter die Regelungen des JArbSchG und (angebliche) praktische Umsetzungsschwierigkeiten. Dabei wirken diese gerade angesichts der mangelnden klaren Abgrenzung von Freizeit und Arbeit, aber auch von Privatheit und Öffentlichkeit mindestens genauso gefährdend, zumal das Kind hier in aller Regel eben keine Rolle spielt, hinter der es sich gewissermaßen verstecken kann.

VI. Jugendmedienschutzstaatsvertrag

Der Staatsvertrag über den Schutz der Menschenwürde und den Jugendschutz in Rundfunk und Telemedien (JMStV) als einheitliche Rechtsgrundlage der gem. Art. 70 Abs. 1 GG für den Rundfunk zuständigen Länder dient dem Schutz von Kindern und Jugendlichen vor deren Entwicklung gefährdenden Angeboten in elektronischen Informations- und Kommunikationsmedien. Es handelt sich also lediglich um Regelungen, die den Konsum von Inhalten beeinflussen; um einen Konfrontationsschutz.

Diese können auch Wirkung auf produzierende/auftretende Kinder, bei denen selbst ein steigender Medienkonsum zu erwarten ist, entfalten[400]; insbesondere, indem diese mit geringerer Wahrscheinlichkeit mit ggf. nachzuahmenden, gefährlichen Inhalten konfrontiert werden.[401] Schutzwirkungen für die Produktion können sich darüber hinaus nur mittelbar aus dem JMStV ergeben, etwa aus den unzulässigen Angeboten des § 4 Nr. 9 (unnatürlich geschlechtsbetonte Körperhaltung von Kindern) und Nr. 10 (kinder- und jugendpornographische Inhalte).

VII. Selbstverpflichtungen

Jenseits einer gesetzlichen Regulierung existieren mittlerweile einige „weiche" Instrumente, die dem Schutz der beteiligten Kinder dienen sollen. Im Folgenden werden die wichtigsten dargestellt.

Im Dezember 2020 wurden von der **Arbeitsgruppe „Kinder-Influencing"**[402] erstmals die *Handlungsempfehlungen Kinder-Influencing*[403] herausgegeben. Diese richten sich an Eltern, die Family-Influencing betreiben (wollen) oder deren Kind Influencer ist bzw. werden möchte. Sie weisen eine neutrale bis positive Grundhaltung zum Thema auf und haben zum Ziel, die Eltern für damit zusammenhängende bzw. sich aus einer Professionalisierung ergebende Konsequenzen zu sensibilisieren.

Zudem sei auf die **Broschüre *White Panda***[404] der ausschließlich auf den Bereich „Kids und Family" konzentrierten Influencer-Marketingagentur

---

400 *Holsten*, epd medien 2020, 3 (4).

401 Dies ist freilich nicht zwingend, denn es gibt keinen Automatismus, nach dem Eltern ihren in sozialen Netzwerken auf durch sie gesteuerten Kanälen auftretenden Kindern eine entsprechende Mediennutzung erlauben. Zudem ist die praktische Wirkung dieser Regelungen angesichts der immer weiter wachsenden Vielfalt im Internet und ihrer überwiegend reaktiven Wirkung begrenzt.

402 Bestehend aus Vertretern von Media Smart e. V., der Freiwilligen Selbstkontrolle Multimedia-Diensteanbieter (FSM e. V.), der Gesellschaft für Medienpädagogik und Kommunikationskultur e. V. (GMK), jugendschutz.net, der Kommission für Jugendmedienschutz (KJM), dem Leibniz-Institut für Medienforschung | Hans-Bredow-Institut (HBI) und SUPER RTL.

403 Abrufbar unter https://www.mediasmart.de/handlungsempfehlungen-kinder-influencing/ (zuletzt geprüft am 18.2.2021).

404 Abrufbar unter https://www.wunderstudios.com/whitepanda (zuletzt geprüft am 18.2.2021).

WunderStudios[405] hingewiesen. Diese definiert Kinder als „eine besonders schützenswerte Gruppe, sowohl als Creator als auch als Zuschauer" und soll Eltern eine „Orientierung und Hilfestellung zu Themen wie dem Schutz [der] Privatsphäre, dem Umgang mit kommerziellen Inhalten, der Unterstützung [der] Kinder bei YouTube sowie der richtigen Auswahl von Videoinhalten" geben. Die Broschüre enthält insbesondere auch ein Kapitel mit einer „Checkliste: Freude an YouTube oder schon Arbeit?", die sowohl als Maßnahme des Kinderschutzes bzw. der rechtlichen Aufklärung als auch als Anleitung zur Umgehung der Anforderungen des JArbSchG aufgefasst werden kann. Aus letzterem einen Vorwurf abzuleiten, ginge aber wohl in die falsche Richtung: Soweit Grauzonen bestehen, ist es Aufgabe des Staates, diese im Interesse des Kindes zu schließen.

Der **Deutsche Werberat** als Einrichtung zur – sowohl auf die rechtliche als auch die moralische Vertretbarkeit bezogenen – Selbstkontrolle der Werbebranche hat zuletzt im März 2017 einen Verhaltenskodex vorgelegt, welcher sich mit Kindern als Rezipienten und teilweise (mittelbar) auch als Darstellerinnen befasst.[406] Dieser betont die Wichtigkeit der „Förderung der Werbekompetenz", die durch eine Abschottung von werblichen Inhalten nicht zu erreichen sei, aber einen auf die besonderen Schutzbedürfnisse abgestimmten Rahmen benötige. Hiernach sollen Kinder u.a. nicht ohne berechtigten Grund in gefährlichen Situationen oder als Sexualobjekte (vgl. § 4 Nr. 9 und 10 JMStV, s.o.) dargestellt werden. Letzteres kann bei einer breitbeinigen Pose durchaus schon vorliegen.

Bei Influencern stellt sich auch hier wieder das Problem, ob das jeweilige Posting in einen werblichen Kontext einzuordnen sein muss[407]. Dies dürfte hier angesichts der Zielrichtung der Regulation unter Ausschluss redaktioneller Inhalte zu verlangen sein.

Bürgerinnen können sich mit einer Beschwerde an den Werberat wenden, wenn nach ihrer Ansicht eine Werbung gegen den Verhaltenskodex verstößt; der Rat selbst gibt eine unmittelbare Erfolgsquote seiner darauf-

---

405 Es existieren viele weitere Agenturen, die mit Influencern dieses Bereichs zusammenarbeiten; s. hierzu und zur Rolle dieser Agenturen *Wrobel*, Die Rolle der Agenturen – zwischen Preisverhandlung und Rechtsberatung, https://mini-influencer.online-redakteure.com/die-rolle-der-agenturen/ (zuletzt geprüft am 18.2.2021) m.w.N.

406 Verhaltensregeln des Deutschen Werberats für die Werbung vor und mit Kindern und Jugendlichen in Fernsehen, Radio und Telemedien („Kinderregeln"), abrufbar unter: https://www.werberat.de/file/8840/download?token=EalxKuDX (zuletzt geprüft am 18.2.2021).

407 Siehe B.II.

hin ggf. folgenden Beanstandungen mit 94 % an.[408] 2019 wurde erstmalig ein Influencer wegen eines frauenverachtenden und sexistischen Postings gerügt[409].

Auch der 2018 überarbeitete **ICC-Werbe- und Marketingkodex**[410] schließt Influencer mit ein. Auf Kinder und Jugendliche bezieht er sich lediglich in ihrer Rolle als Rezipientinnen (vgl. insbesondere Art. 18).

408 Voraussetzung für die Ausweisung als Erfolg ist, dass das Unternehmen hierauf entsprechend reagiert hat, s. https://www.werberat.de/beschwerdeverfahren (zuletzt geprüft am 18.2.2021).

409 Deutscher Werberat, Vier Öffentliche Rügen – Werberat kritisiert sexistische Werbung, https://www.werberat.de/vier-offentliche-rugen-werberat-kritisiert-sexistische-werbung (zuletzt geprüft am 18.2.2021).

410 Abrufbar unter: https://iccwbo.org/content/uploads/sites/3/2020/03/icc-advertising-and-marketing-communications-code-german-final.pdf (zuletzt geprüft am 18.2.2021).

E. Fazit: Es besteht Regulierungsbedarf.

„Wenn arrangierte Szenen gezeigt werden, in denen zugleich, und egal wie subtil für Produkte geworben wird, ist das ganz klar Kinderarbeit. [...] *Natürlich können und sollten die Gewerbeaufsichtsämter Möglichkeiten des Agierens vor der Kamera zulassen, wie sie das beispielsweise auch für Werbe-, Theater- oder Filmproduktionen machen. Bisher haben die Gewerbeaufsichtsämter aber Kinder-Influencer noch nicht auf dem Schirm und liegen diesbezüglich im digitalen Tiefschlaf.*" – Thomas Krüger

Ausgehend von dieser Erklärung des Präsidenten des Deutschen Kinderhilfswerksanlässlich des von der Europäischen Union initiierten Safer Internet Day und ihr angesichts der in diesem Beitrag aufgezeigten Erkenntnisse beipflichtend, werden im Folgenden die zentralen Ergebnisse der Untersuchung noch einmal zusammengefasst.

Die angedeutete Verkennung der sich durch die Digitalisierung ergebenden Änderungen im Zusammenleben zeigt sich schon in der vorherrschenden, auf der klassischen Dritte-Welt-Vorstellung beruhenden Sichtweise auf ausbeuterische Kinderarbeit. Diese ignoriert die mit der Digitalisierung einhergehenden neuen Formen der Arbeit und gefährdet sich daraus ergebende Schutzaufträge; generell fehlt (noch) das Verständnis für neue Werbungsformen und ihre Wirkungsmechanismen.

Daher werden nur die klassischen Erscheinungsformen von Kinderarbeit, unter ihnen auch die gesellschaftlich akzeptierten Ausprägungen als Ferienjobber oder Zeitungsjungen, durch gesetzliche Schutzvorschriften eingehegt. Dies geschieht ausnahmslos; das Ziel guter Arbeitsbedingungen und die Anerkennung des Rechts des Kindes auf ungestörte Entwicklung bilden die Grundlage. Dabei weisen diese Ausprägungen allgemein ein relativ betrachtet geringes Gefährdungspotenzial auf: Ziel der freiwillig arbeitenden Kinder ist es in der Regel, sich eigene Konsumwünsche erfüllen zu können – und nicht, wie dies immer öfter bei im Influencer-Marketing tätigen Kindern der Fall ist, den Lebensunterhalt der Familie sicherzustellen. Auch wenn es manch ein Kind als unentbehrlich ansehen mag, das neueste Smartphone oder das aktuelle Spielkonsolenmodell sein Eigen zu nennen, so besteht doch bereits psychologisch ein gewaltiger Unterschied zwischen einer Tätigkeit zur Finanzierung der nötigen Güter für die eigene physische Existenz (bzw. die der Familie) und den sich aufgrund der Entwicklung der Märkte immer wieder überholenden Konsumwünschen, die auf (vermeintliche) gesellschaftliche Teilhabe zielen. Dies zeigt auch eine Betrachtung der Konsequenzen eines Arbeitsplatzverlustes: Das durch finanziellen Mangel begründete Überspringen einer Smartphone-Generation kann zwar schmerzhaft sein, ist jedoch spätestens bei dem Erwerb des Nachfolgemodells vergessen, während man dies bei einem Mangel an „Brot und Wasser" nicht behaupten kann.

Sowohl zusätzlich zum Kinderarbeitsaspekt als auch unabhängig hiervon werden digitale Gefährdungen für das kindliche Persönlichkeitsrecht nicht hinreichend adressiert; insbesondere wird ausgeblendet, dass Eltern ebenfalls einen Risikofaktor für ihr eigenes Kind darstellen können.[411]

Doch nicht nur die Gewerbeaufsichtsämter liegen im von *Krüger* attestierten digitalen Tiefschlaf – trotz der o.g. Berichte und Kampagnen der näheren Vergangenheit hat sich der Gesetzgeber bisher nicht mit einer Änderung des JArbSchG im Hinblick auf Tätigkeiten im Zusammenhang mit Influencer-Marketing befasst.

Den Behörden kann man angesichts der komplizierten, teilweise nicht so recht auf derartige Situationen passenden Regelungslage nur eingeschränkt einen Vorwurf machen. Erinnert sei zum einen an die generell bei Influencern bestehenden Unklarheiten bzgl. Werbekennzeichnung und Impressum, die ggf. zu Unsicherheiten bei Accountinhaberinnen führen, welche in exekutive Problemlagen bei der Ermittlung münden. Zum anderen treten bei Kindern im Wesentlichen drei Schwierigkeiten hinzu:

1. Dass der Jugendschutz nach wie vor von der Blickrichtung (nur) auf die Rolle des bedrohten, passiven Rezipienten[412] geprägt ist;
2. dass der Schutz des Allgemeinen Persönlichkeitsrechts des Kindes nicht eindeutig (einfachgesetzlich in BGB bzw. KUG) normiert ist;
3. dass das JArbSchG eine Beschäftigung voraussetzt.

411 So bzgl. des Gesundheitsbereichs auch *Kießling*, Das Recht der öffentlichen Gesundheit, 4. Teil C. I. 2.: „Die eigentlichen Beschützer [werden] selbst zur Gefahren- oder Risikoquelle".

412 So auch bei der Novellierung des JSchG, vgl. Zusammenfassung bei BMFSFJ, Kabinett beschließt neues Jugendschutzgesetz, https://www.bmfsfj.de/bmfsfj/aktuelles/presse/pressemitteilungen/kabinett-beschliesst-neues-jugendschutzgesetz/161194 (zuletzt geprüft am 22.2.2021).

Generell stellen die größtenteils aus dem analogen Zeitalter stammenden Gesetze nicht hinreichend die besonderen Gefährdungen der digitalen Gegenwart in Rechnung und können dadurch den Anwendern gegenüber keine Warnfunktion entfalten.[413]
Gesetzgeberisch erscheint mit der Digitalisierung zusammenhängender Kinderschutz in Teilen weiter als „Neuland". Währenddessen wird in den letzten zwei Jahrzehnten eine immer wieder hochkochende Diskussion um die Einführung eines expliziten Kindergrundrechts in die trotz ihrer Allgemeingültigkeit, angesichts ihrer Geschichtsträchtigkeit als analog zu charakterisierende Verfassung kontrovers geführt[414]. In Bezug auf eine solche Verankerung in der Verfassung wird im Übrigen u.a. die Befürchtung geäußert, dass der (vielleicht aufwändigere) direkte Zugang zu einer Verbesserung der Situation von Kindern über das einfache Recht zugunsten dieser reinen Symbolpolitik nicht gegangen werde – durch das Untätigbleiben des Gesetzgebers in dem hier beschriebenen Bereich könnte man sich hierin bestätigt sehen. Hält man sich jedoch vor Augen, dass das seit Jahren vermehrt stattfindende *Sharenting* als herkömmliche Familienpraxis[415] betrachtet wird, wobei Persönlichkeits- und Beteiligungsrechte des Kindes unbeachtet bleiben, stellt sich die Frage, ob Kinder tatsächlich bereits jetzt als eigenständige Rechtsträgerinnen betrachtet werden (wie Gegner einer Verfassungsergänzung gern anführen) – oder, ob verfasste Kinderrechte nicht gerade bei solch neuen, auch zukünftigen, vielleicht noch unabsehbaren Entwicklungen, aus denen sich Gefahren für Kinder ergeben, als Stolperstein für eine einfachgesetzliche Reaktion fungieren könnten.

Zwar kann und sollte nicht alles auf legislativem Weg geregelt werden; gerade angesichts der weitgehenden Elternverantwortung, die durch Art. 6 Abs. 2 GG betont wird, sind die digitalisierungsbedingt veränderten Anforderungen an diese Verantwortung maßgeblich im gesellschaftlichen Diskurs auszuformen. Für den Umgang des im KUG ausgeformten Rechts am eigenen Bild und des Kinder- und Jugendarbeitsschutzrechts mit dem wirtschaftlich relevanten Auftauchen von Kindern in den sozialen Me-

---

413 Zu Defiziten des JArbSchG aufgrund dessen auch *Holsten*, epd medien 2020, 3 (4).

414 S. nur Deutscher Bundestag, Kontroverse Debatte über Gesetzentwürfe zu Kinderrechten im Grundgesetz, https://www.bundestag.de/dokumente/textarchiv/2019/kw23-de-kinderrechte-643308 (zuletzt geprüft am 19.2.2021).

415 Ein grundsätzliches Verbot der Veröffentlichung von Kinderfotos lässt sich der Rechtsordnung so klar eben nicht entnehmen; anders *Schimke*, NZFam 2019, 851.

dien indes wäre eine Beseitigung der juristischen Grauzone angesichts der weitgehenden, Kind und Gesellschaft betreffenden Auswirkungen der Instrumentalisierung des Kindes zu wünschen. Zum einen kann schon angesichts des zunehmenden Auftauchens von Kindern in sozialen Medien, aber vor allem des wachsenden Marktes des (Kinder-)Influencer-Marketings, nicht mehr von Einzelfällen die Rede sein, für die eine explizite gesetzliche Regulierung unverhältnismäßig wäre. Im Gegenteil gebietet gerade deswegen das Wächteramt ein gesetzgeberisches Einschreiten.

Zum anderen gilt, was das Bundesverfassungsgericht schon in Bezug auf den Vermögensschutz feststellte: „*Zwar haben Eltern ihre Rechte uneigennützig und verantwortungsbewußt wahrzunehmen. Dies bedeutet auch Berücksichtigung der im Zeitpunkt der Volljährigkeit grundsätzlich eingetretenen Entscheidungsfreiheit des Kindes über die von ihm vorzunehmenden Handlungen und Unterlassungen. Indessen kann nicht ausgeschlossen werden, daß Eltern nicht fähig oder nicht bereit sind, den Anforderungen des Elternrechts zu entsprechen. Insoweit ist der Gesetzgeber aufgerufen, in Wahrnehmung seines Wächteramts (Art. 6 Abs. 2 Satz 2 GG) Regelungen zu treffen, die verhindern, daß der volljährig Gewordene nicht mehr als nur eine scheinbare Freiheit erreicht. Das Recht zur Selbstbestimmung ist zwar nicht identisch mit der Freiheit von allen Bindungen, die kraft elterlichen Vertretungsrechts geschaffen wurden. Nachwirkungen der elterlichen Sorge sind auch im rechtsgeschäftlichen Bereich vielfach ebenso notwendig wie ungefährlich* […] *Wenn aber der Gesetzgeber den Eltern das Recht einräumt, ihre Kinder in einem weitergehenden Maße zu verpflichten, dann muß er gleichzeitig dafür Sorge tragen, daß den Volljährigen Raum bleibt, um ihr weiteres Leben selbst und ohne unzumutbare Belastungen zu gestalten, die sie nicht zu verantworten haben.*“[416]

Dass die Definition des Kindeswohls grundsätzlich durch die Eltern vorzunehmen ist, hilft hier nicht weiter, weil (insbesondere bei durch diese betriebenen Accounts) einerseits Eigeninteressen eine große Rolle spielen, andererseits sich hier die Gefährdungslage – wie bei verwandten Bereichen im medizinischen oder vermögensbezogenen Bereich – bereits objektiv darstellt.[417] Eltern geben trotz Hinweisen durch Experten und öffentlichen, insbesondere medialen Drucks die Praxis der Veröffentlichung und Vermarktung des eigenen Kindes nicht auf bzw. machen sich in der überwältigenden Mehrheit der Fälle angesichts der fehlenden Rückmeldungen der Behörden keinerlei Gedanken um den Aspekt der Kinderarbeit und einer behördlichen Überwachung. So sind die YouTuberin Miley

416 BVerfGE 72, 155 (173).

417 Zur Unterscheidung zwischen Erziehung und (Gesundheits-)Pflege, s. D.II.2.

und ihre Eltern nach eigener Aussage der einzige Kanal mit Ausnahmegenehmigung und in ständigem Kontakt zu Jugendamt und Gewerbeaufsicht; ausweislich der Auskünfte der Ministerien sind sie zwar offenbar doch nicht die einzigen, gehören aber zumindest zu einer angesichts des gewachsenen Marktes verschwindend kleinen Gruppe. Dies bestätigt, dass gesellschaftliche Kontrolle allein nicht genügt.

F. Ausblick und Zusammenfassung

Um Kinder vor den gegenwärtigen und zukünftigen Gefahren zu schützen, die mit Tätigkeiten im Bereich des Influencer-Marketings zusammenhängen, ist angesichts der vorangegangenen Untersuchung eine gesetzliche Regulierung erforderlich. Was bei einer solchen grundlegend zu beachten wäre, soll im Folgenden aufgezeigt werden. Die Entwicklung eines abschließenden Regulierungskonzepts bzw. Formulierungsvorschlags ist hingegen ausdrücklich nicht das Ziel.
Zunächst soll ein kurzer rechtsvergleichender Blick in das europäische Ausland geworfen werden. Während in Deutschland bestenfalls am Rande über die rechtliche Bewertung von privaten oder kommerziellen Postings von Kinderbildern diskutiert wird und es noch keinerlei Rechtsprechung zu diesem Komplex gibt, sind nämlich zwei Entwicklungen in Portugal und Frankreich erwähnenswert.

I. Ein rechtsvergleichender Blick nach Portugal und Frankreich

1. Portugal: Verbot des *Sharenting*

Das zweitinstanzliche Gericht von Évora bestätigte am 25.6.2015 ein erstinstanzlich verhängtes Verbot der Veröffentlichung von Fotos der eigenen Kinder in sozialen Netzwerken, insbesondere unter Verweis auf die Gefahren durch Pädophile.

Übertragen in das deutsche System bedeutet dies die allgemeine Annahme einer Kindeswohlgefährdung gem. § 1666 BGB schon durch private Postings – und zwar einzelfallunabhängig. Faktoren wie das Alter des Kindes, die Art der Aufnahme und der enthaltenen Informationen sowie technische Schutzeinstellungen können nicht berücksichtigt werden[418]. Wie wichtig und zugleich intuitiv diese Aspekte sind, zeigt sich jedoch zum Beispiel darin, dass sie auch von den im Rahmen einer in Kooperation mit dem DKHW durchgeführten Studie befragten Kindern zur differenzierten Bewertung von veröffentlichten Fotos herangezogen wurden.[419]

418 Dies kritisiert auch *Filgueiras*, ZD 2016, 227 (228).
419 DKHW, Kinder.Bilder.Rechte., S. 53 ff.

Außerdem wird durch ein solches pauschales Verbot u.U. ein Lernprozess des Kindes bzgl. des Umgangs mit sozialen Netzwerken verhindert.
Die Frage, wie die Einhaltung überhaupt kontrolliert werden soll, bleibt offen.[420]
In den Medien wurde zudem eine paternalistische Einmischung in private Angelegenheiten beklagt[421], was in Deutschland angesichts des oben skizzierten Regel-Ausnahme-Verhältnisses von elterlicher Deutungsprärogative und staatlichem Wächterverhältnis ebenfalls zu problematisieren wäre. Insbesondere wird die Sozialadäquanz des Teilens von digitalen Kinderfotos als moderne Form des Herumzeigens des Fotoalbums nicht berücksichtigt.[422]

2. Frankreich: Regulierung der Kinder-Influencer

In Frankreich wurde am 6.10.2020 mit dem *Loi n°2020–1266 visant à encadrer l'exploitation commerciale de l'image d'enfants de moins de seize ans sur les platformes en ligne*[423] (Gesetz zur Regelung der kommerziellen Verwertung der Abbildung von Kindern unter 16 Jahren auf Online-Plattformen) einstimmig ein Regelwerk verabschiedet, welches das in Deutschland bisher kaum diskutierte Problem der digitalen Kinderarbeit adressiert. Es stellt eindeutig klar, dass Kinderarbeit auch im digitalen Raum grundsätzlich verboten ist – außer es existiert eine Ausnahme.[424]

Das französische Arbeitsschutzrecht gestattet Arbeit grundsätzlich erst ab dem 16. Lebensjahr mit Ende der Schulpflicht; bis zur Volljährigkeit mit 18 Jahren gelten spezifische Schutzbestimmungen. Wie in Deutschland existieren Ausnahmen von dem Arbeitsverbot für jüngere Kinder. Anknüpfend an die (Sonder-) Regelung von Kinder- und Jugendarbeit

---

420 *Filgueiras*, ZD 2016, 227.

421 *Filgueiras*, ZD 2016, 227.

422 S.o., D.III.1.c.bb.(2)(b).

423 Abgedruckt im Anhang. Abrufbar unter: https://www.legifrance.gouv.fr/jorf/id/JORFTEXT000042439054?r=FqZmXhTAn7 (zuletzt geprüft am 17.5.2021).

424 So auch *Bas-Rhin*, Vorsitzender im Ausschuss für kulturelle Angelegenheiten: „Le travail des enfants est interdit en France, sauf dérogation, y compris sur Internet", zit. nach nach Le Monde/AFP, Le Parlement adopte à l'unanimité une loi pour encadrer la pratique des enfants « influenceurs », https://www.lemonde.fr/societe/article/2020/10/06/le-parlement-adopte-a-l-unanimite-une-loi-pour-encadrer-la-pratique-des-enfants-influenceurs_6055019_3224.html (zuletzt geprüft am 18.2.2021).

im Kunst- und Kulturbereich (Art. L. 7124–1 ff. des Code du travail[425]) und diese modifizierend schafft das neue Gesetz ein individuelles Autorisierungssystem:

Auch in Graubereichen soll ein möglichst umfassender Schutz gewährleistet sein, sodass das Vorliegen eines Arbeitsverhältnisses gerade nicht erforderlich ist.

Die gesetzlichen Vertreter müssen, wenn das Kind Hauptthema („sujet principale“, Art. 3 Abs. 1) des hochzuladenden Inhalts ist, bei dem Sozialamt des zuständigen Départements eine Genehmigung beantragen – sofern die kumulative Dauer oder die Anzahl der Inhalte während eines bestimmten Zeitraums eine noch festzulegende Schwelle überschreitet oder die Ausstrahlung dieser Inhalte zu Gunsten der für ihre Produktion oder Ausstrahlung verantwortlichen Person direkte oder indirekte Einnahmen generiert, die eine bestimmte Schwelle überschreiten. Hierfür ist neben einer genauen Beschreibung der Tätigkeit auch ein kinderärztliches Attest vorzulegen. Zudem ist ggf. eine Ausnahmegenehmigung der Schule erforderlich.

Bei der Durchführung der Tätigkeit sind festgelegte Arbeits- und Pausenzeiten einzuhalten. Die Einnahmen sind auf ein Treuhandkonto bei dem staatlichen Finanzinstitut *Caisse de dépôts* einzuzahlen und stehen dem Kind bei Erreichen der Volljährigkeit zur Verfügung;[426] ein Teil kann jedoch schon vorher den gesetzlichen Vertretern zur Verfügung gestellt werden. Hierdurch wird die in einigen Fällen erfolgende finanzielle Versorgung der ganzen Familie und die daraus entstehende altersunangemessene Verantwortung des Kindes verhindert und sichergestellt, dass dieses selbst die Früchte seiner Arbeit erhält, gleichzeitig aber auch zur Wahrung der Verhältnismäßigkeit der aktuelle Aufwand und Bedarf in Rechnung gestellt.

Auch für Kooperationspartnerinnen ergeben sich Pflichten: Diese müssen mit den gesetzlichen Vertretern abklären, ob jene den genannten Verpflichtungen unterliegen. Wenn dies der Fall ist, wird die Entlohnung

---

425 Abrufbar unter https://www.legifrance.gouv.fr/codes/id/LEGIARTI000042442669/2021-04-20/ (zuletzt geprüft am 18.2.2021).

426 Ähnliche Regelungen existieren in einigen US-Bundesstaaten für *child performer* (hierzu s. Fn. 362). Diese Treuhandkonten werden *Coogan Accounts* genannt. Die Regelungen sind aber wohl nicht auf im Influencer-Marketing tätige Kinder anwendbar; dementsprechend mahnt *O'Neill*, Influencing the Future, Stanford Law Review Online Dec. 2019, 42 (47 f.; 50 f.) ein Kompensationsdefizit für den Privatssphäreverlust an und fordert eine entsprechende Anwendung auf diese Kinder.

wiederum direkt auf das eingerichtete Konto einbezahlt. Die Zuwiderhandlung wird mit einer Geldstrafe von 3.750 € geahndet.

Zudem werden die Plattformen in die Verantwortung genommen: Diese werden aufgefordert, Chartas zu verabschieden, um die illegale kommerzielle Ausbeutung des Kindes zu bekämpfen und die Nutzer hierfür zu sensibilisieren. Sie sind verpflichtet, Inhalte, die unter Missachtung der beschriebenen Regelungen entstanden sind, zu entfernen und mit den Behörden zu kooperieren; bei Zuwiderhandlung droht eine Strafe von 75.000 €. Zudem hat das abgebildete Kind einen Anspruch auf Löschung, welcher als „droit à l'oubli", als Recht auf Vergessenwerden, beschrieben wird[427].

Insgesamt lässt sich die französische Regelung gerade auch angesichts der Einbeziehung aller wichtigen Akteure als vorbildhaft bezeichnen.[428] Einzig zu bemängeln ist, dass lediglich audiovisuelle Inhalte auf Videosharing-Plattformen reguliert werden; Bilder mit Texten werden damit nicht erfasst. Zudem stellt sich die Frage, ob das Gesetz auf Inhalte von Eltern-Influencern anwendbar ist, da hier zumindest umstritten sein kann, ob das Kind „Hauptobjekt" ist.

II. Regulierung der Internet-Präsenz von Kindern in Deutschland de lege ferenda (zugleich: Zusammenfassung der wesentlichen Erkenntnisse dieser Arbeit)

Im Folgenden werden zunächst ein paar allgemeine Aspekte einer möglichen Regulierung der Internet-Präsenz von Kindern behandelt, bevor sodann die aus hiesiger Sicht sechs zentralen Aspekte einer Regulierung *de lege ferenda* herausgegriffen und in Anknüpfung an die im Rahmen dieser Arbeit erzielten Erkenntnisse näher ausgeführt werden sollen.

Die Zuständigkeit für eine solche Regulierung liegt primär[429] beim Bund: Dieser ist nach Art. 72, 74 Abs. 1 Nr. 1, 7 und 12 GG zuständig für die berührten Bereiche des bürgerlichen Rechts (insbesondere

---

427 Proposition de loi visant à encadrer l'exploitation commerciale de l'image d'enfants de moins de seize ans sur les plateformes en ligne, abrufbar unter https://www.assemblee-nationale.fr/dyn/15/textes/l15b2519_proposition-loi# (zuletzt geprüft am 18.2.2021).

428 So auch *Dannecker*, NZFam 2020, 1093 (1094).

429 Der Bund reklamiert im Rahmen der konkurrierenden Gesetzgebungskompetenz das vorrangige Zugriffsrecht für sich; die Länder können nur tätig werden, *solange und sofern* der Bund nicht von seiner Kompetenz Gebrauch gemacht hat.

Familienrecht und Kunsturheberrecht), des Rechts der öffentlichen Fürsorge (insbesondere SGB VIII) und des Arbeitsschutzrechts (insbesondere JArbSchG). Die Alleinzuständigkeit der Länder für Rundfunk und elektronische Massenmedien, zu der auch der in diesem Bereich erforderliche Jugendschutz zählt[430], ist hier – anders als beim Konfrontationsschutz – nicht schwerpunktmäßig betroffen und daher nicht eröffnet: Die Gefährdungen für das Kindeswohl, insbesondere in Gestalt der Verletzungen des Persönlichkeitsrechts und der modernen Ausprägung der Kinderarbeit, entstehen zwar erst durch die Veröffentlichung bzw. werden durch die Veröffentlichungsmöglichkeit nachhaltig gefördert. Der Ausgangspunkt und die zu ergreifenden Maßnahmen liegen jedoch in den zur Bundeszuständigkeit zählenden Bereichen.

Generell problematisch erscheinen vor dem Hintergrund der Medienkonvergenz zersplitterte Zuständigkeits- und Verfahrensregelungen.[431] Der Schutz von Kindern und Jugendlichen als Darsteller und Rezipientinnen muss in allen betroffenen Rechtsgebieten (Persönlichkeits-, Daten-, und Arbeitsschutz) berücksichtigt und diese in ihrem Zusammenspiel betrachtet werden.

Zudem ist es erforderlich, dass die zuständigen Stellen soziale Netzwerke proaktiv nach Verstößen gegen Kinderrechte im Allgemeinen und Arbeitsschutzvorschriften im Speziellen durchsuchen, bzw. dass sie durch entsprechende Haushaltsmittelzuweisungen hierzu ggf. erst in die Lage versetzt werden. Angesichts der zunehmenden Verbreitung entsprechender Aufnahmen im Internet und der damit verbundenen Risiken, darf der Staat es angesichts seines Schutzauftrags nicht dem Zufall überlassen, ob er hiervon Kenntnis erlangt und auf Basis dessen schützend eingreifen kann. Dies muss gerade in Anbetracht der (angesichts der durch die Accountinhaber selbst gewählten Öffentlichkeit und nahtlosen Dokumentation) quasi non-existenten Hindernisse für Sachverhaltsermittlung und -sicherung gelten.[432]

Ergänzend zu Regulierungen durch das materielle Recht könnte über prozessuale Mechanismen zur Rechtsdurchsetzung nachgedacht werden. Nahe läge in diesem Zusammenhang etwa die Einführung eines subsidiären Verbandsklagerechts, das durch Kinderschutzorganisationen wahr-

430 BVerfGE 57, 295 (326) (3. Rundfunkentscheidung).

431 So auch *Stefan Haddick* vom Bundesministerium für Familie, Senioren, Frauen und Jugend, s. DKHW/KJM, Veranstaltungsbericht Fachtag von DKHW und KJM „Zwischen Spielzeug, Kamera und YouTube", S. 3.

432 Hierzu und zu den angeblichen praktischen Problemen, s. schon D.V.3.c.

genommen und gegenüber sozialen Netzwerken unter Beteiligung von Eltern und Kindern durchgesetzt werden könnte.[433] So könnten Datenschutzverstöße oder andere – etwa trotz Antrags auf Löschung gem. der geltenden DSGVO fortdauernde – Rechtsverletzungen abgestellt werden. Die weiterführende Frage, ob diese Organisationen auch gegenüber Eltern tätig werden können sollten, ist angesichts der Zuständigkeit und Expertise des Jugendamtes zu verneinen.

1. Die Rechte des Kindes auf Schutz und auf Entwicklung als Ausgangspunkt

Bei einer Regulierung ist angemessen in Rechnung zu stellen, dass die Eltern unmittelbarer Akteur sind; vor dem Hintergrund des Elternrechts aus Art. 6 Abs. 2 GG[434], aber auch der Tatsache, dass keine weitere, verlässliche Kontrollinstanz vorhanden ist (Verantwortungsdiffusion).[435] So schreitet die auf den Plattformen zugegene Öffentlichkeit nur gegebenenfalls ein und dies natürlicherweise nur, wenn die Gefährdung sich bereits verwirklicht hat; für die Behörden, die (zumindest bisher) mangels proaktiven Vorgehens noch dazu auf den Sachverhalt aufmerksam gemacht werden müssen, gilt Ähnliches.

Möglichkeiten des Agierens vor der Kamera sollten schon angesichts des Rechts des Kindes auch auf digitale Entwicklung und Teilhabe[436] grundsätzlich weiterhin zugelassen, die Eltern bei dem ihnen anvertrauten Schutz der Rechte und des Wohls ihrer Kinder aber unterstützt werden. Geeignet und angemessen ist hier also insbesondere ein Schutz durch Verfahren. Dabei gilt es, das richtige (verhältnismäßige) Maß zu finden zwischen – auf der einen Seite – Kindesschutz, Sensibilisierung für die

---

433 So *Schimke*, NZFam 2019, 851 (856) schon bzgl. privater Fotos. Dem ist entgegenzuhalten, dass auf diese Weise extern in (trotz Veröffentlichung mangels kommerziellen Hintergrund noch) familieninterne Sachverhalte eingegriffen würde. Die Akzeptanz für solche Maßnahmen dürfte bei nicht-staatlichen Organisationen noch wesentlich geringer ausfallen als bei einer Überprüfung durch das Jugendamt – zumal dessen Zuständigkeit doch eröffnet ist.

434 Hierzu s. D.II.

435 S. auch *O'Neill*, Influencing the Future, Stanford Law Review Online Dec. 2019, 42 (42 f.): „Lawmakers regulating families thus face tension between protecting children's interests and honoring their parents' interests in directing their upbringing. This tension is particularly apparent when parents post about their children online for profit."

436 Hierzu s. C.I.

Gefahren der Veröffentlichung sowie die Tatsache, dass das Kind für kommerzielle Zwecke vermarktet wird, und – auf der anderen Seite – dem Belassen von genügend Freiräumen für kreatives Ausprobieren und für die Familie.

2. Die Differenzierung zwischen kommerziellen und privaten Internetauftritten als Basis

Um dieses richtige Maß zu finden, ist es zunächst notwendig, kommerzielle und private Internetauftritte voneinander abzugrenzen; es sind differenzierende Regelungen angezeigt.

Diese Abgrenzung von kommerzieller und privater Tätigkeit ist hier nicht bezogen auf den einzelnen Post, wie bei der Kennzeichnungspflicht, sondern darauf, dass Regelungen rein private Accounts wegen gegebener Sozialadäquanz[437] nicht erfassen sollten. Das Posten von Kinderfotos auf privaten Accounts kann zwar auch zu einer Gefährdung der Kinder (nur) im persönlichkeitsrechtlichen Bereich führen, dies allerdings nicht in gleicher Intensität wie bei (auch-)kommerziellen Accounts. Ein Rundumschutz durch den Staat wäre hierbei weder elternrechtsadäquat noch wirklich durchsetzbar.[438] Freilich sollte Eltern (und Kindern) neben validen staatlichen Informationen über Gefahren und rechtliche Grenzen des *Sharenting*[439] in jedem Fall ein präventives (freiwillig wahrzunehmendes) Angebot zur Beratung und Steigerung der Medienkompetenz an die Seite gestellt werden, insbesondere durch Einrichtungen wie Kindergärten und Schulen. Bei trotzdem entstehenden und bekanntwerdenden[440] Kin-

437 Hierzu s. D.III.1.c.bb.(2)(b).

438 In diese Richtung auch *O'Neill*, Influencing the Future, Stanford Law Review Online Dec. 2019, 42: „States should stay out of the parent-child relationship when parents post child-centric content purely to share it, but some regulation is necessary when mom-influencers use their children's likenesses for profit. In these cases, the child is essentially a child performer."

439 Bei einer eigenen Recherche über Internet-Suchmaschinen mit z.B. den Suchbegriffen „Kinderfotos posten erlaubt", ggf. ergänzt um „Ministerium" o.Ä., fanden sich zwar einige Informationen privater Anbieter und des Deutschen Kinderhilfswerks. Entsprechende staatliche Informationen suchte man – abgesehen von einer Informationsseite Berlins (https://www.berlin.de/special/finanzen-und-recht/recht/4732829-2625165-kinderfotos-im-netz-posten-was-duerfen-e.html, zuletzt geprüft am 2.3.2021) – jedoch vergebens.

440 Um das Dunkelfeld in diesem Bereich aufzuhellen, ist es freilich erforderlich, dass die Jugendämter oder kooperierende Stellen die sozialen Netzwerke proak-

deswohlgefährdungen durch private Accounts im Einzelfall bleibt der Weg des § 1666 BGB.

Bei kommerziellem Auftreten verdichtet sich (auch) angesichts der größeren Öffentlichkeitswirksamkeit die Gefährdungslage, sodass der Erlass abstrakter Regelungen, die verpflichtend nicht erst eingreifen, wenn das Kind sprichwörtlich bereits in den Brunnen gefallen ist, nicht nur verhältnismäßig, sondern dringend geboten erscheint.[441] Eine „kluge Hilfestellung“[442] für Influencer-Eltern reicht praktisch nicht aus und wird schon theoretisch dem staatlichen Wächteramt nicht gerecht. Eine (hier:) verpflichtende Beratung von Eltern und Kindern kann als erster Baustein eines größeren Konzeptes dienen. Bei älteren Kindern würde auf diese Weise auch der *informed consent*-Aspekt verwirklicht werden.[443]

3. Das bestehende JArbSchG als Vorbild – aber nicht als Grenze

Der zweite Baustein beruht auf einer Anwendung und Weiterentwicklung der schon heute teilweise anwendbaren Arbeitsschutzregelungen des JArbSchG, insbesondere der Regelungen für den Unterhaltungssektor (§ 6 JArbSchG), welche Schutz durch (Bewilligungs-) Verfahren in Form eines repressiven Verbots mit Befreiungsvorbehalt gewähren. Diese Anwendung bzw. Weiterentwicklung der bestehenden Regelungen kann entweder durch eine Änderung und Erweiterung des JArbSchG oder durch die Schaffung eines eigenständigen, den Komplex „Kinder im Influencer-Marketing“ besonders regelnden Gesetzes erfolgen. Hierbei ist insbesondere auf die in diesem Kontext problematischen Begriffe der Beschäftigung (§ 1 Abs. 1 JArbSchG) bzw. der gestalterischen Mitwirkung (§ 6 Abs. 1 JArbSchG)[444] näher einzugehen.

Die bei der für die Anwendung des JArbSchG essentiellen Feststellung des Vorliegens einer **Beschäftigung** ggf. auftretenden Subsumtionsprobleme stellen sich auf verschiedene Weisen, abhängig davon, welche Form des Influencings[445] vorliegt: Bei Eltern-Influencern sind Anweisungen

---

tiv überwachen, s. F.II. vor 1. Eine solche Beobachtung auch andenkend *Alberts*, Die rechtliche Bewertung der Tätigkeit von Influencern, S. 287.

441 Hierzu s. D.II. und E.

442 *Holsten*, epd medien 2020, 3 (5).

443 Vgl. hierzu *O'Neill*, Influencing the Future, Stanford Law Review Online Dec. 2019, 42 (50).

444 Näher zu den auftretenden Problemen, s. D.V.2. und 3.

445 Zu den unterschiedlichen Formen, s. B.III.

bzw. das Vorliegen der Voraussetzungen eines arbeitnehmerähnlichen Verhältnisses als innerfamiliärer Sachverhalt ggf. schwer zu ermitteln[446]; bei Kinder-Influencern steht ein arbeitnehmerähnliches Verhältnis ebenso im Raum wie eine Selbstständigkeit, die die Anwendung des JArbSchG *de lege lata* per se ausschließt.[447] Diesen Problemen könnte durch die Schaffung einer deklaratorischen Subsumtion[448], einer Vermutungsregelung oder einer Regelung nach französischem Vorbild abgeholfen werden, indem die Feststellung eines Arbeits- bzw. arbeitsähnlichen Verhältnisses im Einzelfall nicht mehr notwendig wäre. Auf diese Weise wäre es auch möglich, die nicht nur bei Vorliegen einer Beschäftigung stattfindende wirtschaftliche Ausbeutung zu erfassen. Ein genereller Abschied von dem Begriff der Beschäftigung im JArbSchG soll hiermit aber ausdrücklich nicht gefordert werden – grundsätzlich handelt es sich hierbei um einen für die vorzunehmenden Abgrenzungen durchaus geeigneten Begriff. Zumindest im Kontext des Influencer-Phänomens stößt er jedoch an seine Grenzen, was zu den aufgezeigten, nicht überzeugenden Ergebnissen führt.

Generell erscheint eine gegenüber dem JArbSchG weitergehende Regelung in Bezug auf **(schein-)selbstständige Kinder-Influencerinnen** angezeigt.[449]
Die Anwendung von Arbeitsschutzregelungen auf Selbstständige stellte zwar ein Novum dar[450], bedeutete aber keinen Systembruch. Denn die der bisherigen Nichtregelung wohl zugrundeliegende Prämisse – dass bei einer Selbstständigkeit mangels Abhängigkeit ein geringeres Gefährdungspotenzial besteht – kann hier nicht angenommen werden. Dies ergibt sich angesichts der additiv aufgrund des Alters und der Besonderheiten der Tätigkeit erhöhten Schutzbedürftigkeit. Die historische Intention des Gesetzgebers, dem Minderjährigen durch § 112 BGB die Möglichkeit zu eröffnen, den elterlichen Betrieb weiterzuführen bzw. eine Balance zwi-

446 Insbesondere zur Problematik vermeintlich „natürlicher Verhaltensweisen“, s. D.V.2.c.bb.(2).

447 Hierzu s. D.V.2.c.bb.(2).

448 Zum Beispiel „Die Regelungen dieses Gesetzes gelten auch [ggf.: ohne das Vorliegen der Voraussetzungen einer Beschäftigung] für den Bereich […]“.

449 Entsprechend ist für diesen Bereich die sich bzgl. des JArbSchG aufdrängende Frage, ob die Nichtregelung in Bezug auf durch § 112 BGB selbstständige Minderjährige noch angemessen ist oder eine zumindest teilweise zu schließende Lücke darstellt, zu beantworten.

450 S.o., D.V.2.a.

schen Gründermut und Minderjährigenschutz zu schaffen,[451] erscheint auf die Tätigkeit als Influencer nicht oder nur teilweise anwendbar. Dafür kann die Tätigkeit mit vielfältigen, fernwirkenden Nachteilen verbunden sein.[452] Zudem kann sie – zumal mit Unterstützung der Eltern – auch schon in sehr jungen Jahren der beschränkten Geschäftsfähigkeit ausgeübt werden. Gerade hier kann sie nachhaltig eine Gefahr insbesondere auch für die schulische Ausbildung bzw. das Erlernen von Grundwissen/-fähigkeiten, die autonomes Handeln (auch im eigenen Unternehmen[453]) erst ermöglichen, darstellen. Bei langfristigem Scheitern des Unternehmens kann dies angesichts dessen, dass das Schulsystem wiederkehrend auf bereits Erlerntem aufbaut, auch kaum nachträglich ausgeglichen werden. Dieses Scheitern stellt gerade im Marketing-Bereich, der immer wieder neuen Trends unterworfen ist, eine reale Gefahr dar, insbesondere wenn keine weiteren einsetzbaren (künstlerischen) Fähigkeiten vorhanden sind, die eine Diversifizierung des Unternehmens ermöglichen, oder der (Influencer-) Markt schlichtweg gesättigt ist.

Weitergehende Regelungen als *de lege lata* sind auch in Bezug auf **Kleinkinder (U3)** notwendig. Diese werden derzeit angesichts des Voraussetzens einer Beschäftigung quasi vollständig aus dem Anwendungsbereich des JArbSchG ausgeblendet[454]. Um sie zu erfassen, würde (unabhängig von der Definition der „Beschäftigung") bereits ein explizites Ansprechen dieser Altersgruppe genügen. Auch bei bloßer dokumentarischer Begleitung sollten zum Schutz des Kindes zumindest Regulierungen auf niedrigem Niveau (d.h. zum Beispiel ein verpflichtendes Beratungsangebot) existieren bzw. in Bezug auf eine Abgrenzung zu weisungsbezogenem Handeln Anhaltspunkte formuliert und Überprüfungsmöglichkeiten geschaffen werden.

Auch *Holsten*[455] fordert auf Kleinkinder bezogene spezielle Regeln; dies mit der Begründung, schon das derzeitige JArbSchG sehe keinerlei

---

451 *Ahrens/Heinecke*, in: BeckOK BGB, § 112 BGB Rn. 2 m.w.N. und Rn. 7 (Stand 1.10.2019).

452 S.o., C.II. und III.

453 Als Beispiel seien betriebswirtschaftliche Zusammenhänge und ein mathematisches Grundverständnis angeführt.

454 Hierzu s. D.V.2.c.bb.(1). Dass Kleinkinder U3 derzeit vom JArbSchG ausgenommen sind, liegt wohl nicht nur daran, dass sie (moralisch betrachtet) für zu jung für Arbeit gehalten werden, sondern auch daran, dass sie zum Befolgen von Anweisungen (als Voraussetzung für die Annahme einer Beschäftigung) regelmäßig noch nicht in der Lage sind.

455 *Holsten*, epd medien 2020, 3.

Ausnahmen von dem Beschäftigungsverbot für Kleinkinder vor, sie könnten „allenfalls in ihren natürlichen Lebensäußerungen fotografiert oder gefilmt werden" und sie seien „uneingeschränkt schutzbedürftig und von Fürsorglichkeit abhängig". Das ist zwar richtig, die Aussage *„Ausnahmegenehmigungen nach dem JArbSchG nützen einem Säugling nichts, er würde sich im Laufe seines Lebens daran ebenso wenig erinnern wie an Fotoaufnahmen mit seinen Influencer-Eltern"* verkennt jedoch zweierlei: Erstens, dass auch bei der Beteiligung eines älteren Kindes im Genehmigungsverfahren dessen Meinung bloß alters- und reifeangemessen zu berücksichtigen wäre, und zweitens, dass es gar nicht der Sinn von Ausnahmegenehmigungen ist, eine Einwilligung des Kindes zu ersetzen, sondern eine Kontrollinstanz zu schaffen. Man könnte sogar andersherum argumentieren, sodass der *Eingriff* für Kleinkinder *geringer* ausfällt: Je jünger das Kind, desto schwerer falle die Identifizierung des späteren Erwachsenen; der (Wider-)Wille werde durch das Kind erst später entdeckt, ein Erinnern an die Situationen finde nicht statt; es handle sich in der Regel bloß um natürliche Verhaltensweisen. Dass Baby-Influencer *„letztlich nur ein „willenloses Werkzeug" im Einsatz ihrer Eltern"*[456] sind, mag stimmen, kann jedoch (ebenso wie die vorgenannten Argumente) auch für ältere Kinder, die ebenfalls noch keinen Wilen im juristischen Sinne bilden können und von den Eltern nach wie vor abhängig sind, zutreffen. Es ist eine Illusion, zu glauben, ältere Kinder seien weniger betroffen, da sie sich zur Wehr setzen könnten; bei einer Betrachtung der einschlägigen Accounts kommt es nicht selten vor, dass das Kind seine Ablehnung, in der Situation gefilmt zu werden, deutlich zeigt, aber die Eltern dies übergehen, lustig finden, oder sogar mit Tipps für die „Trotzphase" verbinden.

Bei Anwendung (zumindest der Regelungssystematik) des JArbSchG auf jegliche Influencer-Konstellationen wäre es im Ergebnis zum Beispiel möglich, den Eltern die einzuholende **Ausnahmegenehmigung unter Auflagen** zu erteilen, etwa in Bezug auf die Freiwilligkeit von Aufnahmen (keine heimlichen oder überraschenden Aufnahmen; Unterlassung von Ankündigungen neuer Videos zu bestimmten Zeitpunkten), zur Wahrung des Datenschutzes hinsichtlich des Wohn- und Schulortes des Kindes und/oder zur Wahrung der Privat- und Intimsphäre (zum Beispiel keine Aufnahmen in Badezimmer/Toilette oder unzureichender Bekleidung).[457]

---

456 *Holsten*, epd medien 2020, 3 (4); in die Richtung auch *Alberts*, Die rechtliche Bewertung der Tätigkeit von Influencern, S. 271 (H. Kinder als Influencer oder (willenloser) Teil von Influencerbeiträgen).

457 Ministerium für Arbeit, Gesundheit und Soziales NRW, Drs. 17/10300, S. 3.

Denkbar wäre zudem eine regelmäßige (pflichtige) Besprechung der Blogbeiträge vor ihrer Veröffentlichung unter Beteiligung der Kinder und einer von der Aufsichtsbehörde ausgewählten oder bestellten Person, die die Kinder begleitet.[458] Inwieweit Letzterer Kompetenzen, zum Beispiel bzgl. der Entscheidung über einzelne Projekte bzw. Veröffentlichungen, zukämen, wäre zu diskutieren. Grundsätzlich denkbar wäre auch eine Personalunion mit dem für die Erteilung einer Einwilligung gem. § 23 KUG notwendigen Ergänzungspfleger[459].

Jenseits der erwähnten Einzelaspekte und der zu klärenden Detailfragen ist an dieser Stelle nochmals herauszustellen, welche Chancen die Voraussetzung einer Arbeitserlaubnis für den Schutz des einzelnen Kindes bietet: Durch die Beantragung einer solchen Erlaubnis erlangt der Staat (auch unabhängig von erfolgreichen eigenen, proaktiven Beobachtungsmaßnahmen) sowohl Kenntnis von einzelnen Kindern im Influencer-Marketing als auch von dem Ausmaß des Phänomens im Allgemeinen. Auf dieser Basis werden weitere Anpassungen des gesetzlichen Rahmens aufgrund tiefergehender Sachkenntnis ebenso ermöglicht und vereinfacht, wie eine allgemeine Überwachung des Kindeswohls und Ermittlungen – etwa zu Auswirkungen auf den Schulbesuch und mögliche Korrelationen mit gestiegenen Einnahmen. Zudem kann eine solche Notwendigkeit (schon vor der Wahrnehmung des Beratungsangebots) die Eltern dazu anhalten, die mit dem Auftreten in sozialen Netzwerken verbundenen Risiken für ihr Kind stärker zu würdigen, und die eine Influencer-Karriere anstrebenden Kinder für diese Risiken sensibilisieren[460].[461]

4. *Sharenting* im Familienrecht

Im eben erwähnten Kontext der Ergänzungspflegerbestellung steht auch eine mögliche Flankierung der Regelungen (nach Art) des JArbSchG durch solche des Familienrechts.

458 *Schimke*, NZFam 2019, 851 (856 f.).

459 Hierzu s.o., D.III.1.c.bb.(b).

460 Zum *informed consent*-Aspekt, s.a. F.II.1.

461 Zu diesem Plädoyer für die Notwendigkeit einer Arbeitserlaubnis, s.a. *O'Neill*, Influencing the Future, Stanford Law Review Online Dec. 2019, 42 (49).

Möglich wäre eine – die schon derzeitig bestehende Rechtslage freilich nur explizit bestätigende[462] – Aufnahme des (im Gesamtkontext) kommerziellen *Sharenting* in den Katalog der Vertretungsbeschränkungen; zum Beispiel als Bekräftigung der Anwendung des § 181 BGB gem. (§ 1629 Abs. 2 i.V.m.) § 1795 Abs. 2 BGB. Dagegen spricht jedoch die derzeitig schlanke Systematik des (§ 1629 Abs. 2 i.V.m.) § 1795 BGB, die durch eine derartige Sonderregelung zumindest gestört würde.[463] Denkbar wäre zudem ein besonderer Verweis im Umfeld des § 22 KUG. Dagegen spricht, dass dieser den Begriff der Einwilligung bisher zwar voraussetzt, aber nicht definiert und dadurch auf die allgemeinen Regelungen des Zivilrechts verweist; dementsprechend wäre eine nur die elterliche Vertretung der §§ 1626 Abs. 1, 1629 Abs. 1 BGB betreffende Regelung fehl am Platz. Angesichts dessen wäre wohl eine Klarstellung im Rahmen eines Spezialgesetzes vorzugswürdig.

Unabhängig von dem Standort käme es durch die explizite Verankerung des *Sharenting* zu einer Abbildung beider Aspekte, des Schutzes vor Kinderarbeit und des Persönlichkeitsrechtsschutzes. Diese hängen zwar eng zusammen, sind aber nicht untrennbar miteinander verbunden – das zeigt sich insbesondere bei den Kleinstkindern, die kein Bewusstsein für aus der Arbeit entstehende Pflichten haben, weshalb u.U. bloß der persönlichkeitsrechtliche Aspekt einschlägig ist.

5. Keine Arbeit ohne Lohn

Des Weiteren wäre über eine Regelung entsprechend dem französischen Vorbild nachzudenken, welche dem Kind durch pflichtige Überweisung an ein geschütztes Konto Anteil an den durch seine Tätigkeit oder mit seiner Beteiligung generierten Einnahmen sichert. Zwar hat es in aller Regel zumindest mittelbar an diesen teil, indem es am Lebensstil der Familie partizipiert; es ist aber weder gesagt, dass dies in einem angemessenen Verhältnis stattfindet, noch, dass die Einwirkungen auf die Zukunft des Kindes hierdurch abgegolten werden. Zudem hätte die Einführung

462 Mangels Sozialadäquanz können Eltern schon *de lege lata* nicht sich selbst die Einwilligung in die (auch-)kommerzielle Veröffentlichung von Bildnissen ihrer Kinder erteilen, s. D.III.1. und D.IV.

463 Dieses Argument beruht freilich gerade darauf, dass schon die Anwendung dieser schlanken Systematik zum ggf. explizit niederzulegenden Vertretungsverbot führt.

eines Treuhandkontomodells einen unterstützungswürdigen symbolischen Charakter: „*Such accounts would also represent states' acknowledgement that is unjust for parents to capitalize on their children's compromised privacy without compensating the children directly.*"[464]

Mit einer solchen Regelung verbunden wäre eine Einschränkung der Vermögenssorge der Eltern gem. § 1626 Abs. 1 BGB, wie sie derzeit bereits durch die §§ 1638–1649 BGB erfolgt. Ein etwaig entstehender Widerspruch zu den gem. § 1649 BGB bestehenden Verfügungsmöglichkeiten[465] wäre etwa durch einen Verweis auf die Spezialregelungen zu lösen.

Wie die obige Analyse der Finanzierungsmöglichkeiten gezeigt hat, besteht abgesehen von dem Stufensystem widersprechenden Verfügungen über das Einkommen des Kindes auch eine legale Variante zur Deckung des Familienbedarfs durch Nutzung der Einkünfte aus dem Vermögen. Diese könnten durch riskante Geschäfte am Finanzmarkt – wenn auch in Widerspruch zur Pflicht aus § 1642 BGB – noch erhöht werden. Eine solche Anreizwirkung ist ebenso zu unterbinden wie etwaige Zuwiderhandlungen bzgl. der Trennung von Eltern- und Kindesvermögen und entsprechender Verwendungsmöglichkeit der Geldmittel des Kindes. Dem könnte eine der französischen entsprechende Regelung einen Riegel vorschieben.

Zudem würde sie einer falschen Anreizbildung in Bezug auf Kinderarbeit (insbesondere durch § 1602 Abs. 2 BGB bzgl. der elterlichen Unterhaltspflicht) ebenso vorbeugen, wie sie das Problem der altersunangemessenen Verantwortungsübernahme zumindest teilweise löste, indem eine Berufsaufgabe der Eltern nicht mehr so attraktiv erschiene.

Freilich dürfte eine solche Regelung – wie die französische – wegen Art. 12 Abs. 1, Art. 14 Abs. 1 GG und Art. 6 Abs. 2 S. 1 GG aus Gründen der Verhältnismäßigkeit erst ab einem gewissen Schwellenwert der kindzentrierten Postings und damit erzielten Einkünfte greifen[466] und die

---

464 *O'Neill*, Influencing the Future, Stanford Law Review Online Dec. 2019, 42 (50).

465 Hierzu s. D.II.3.c.

466 So auch *O'Neill*, Influencing the Future, Stanford Law Review Online Dec. 2019, 42 (51): „Additionally, to ensure fairness to mom-influencers and their child performers, states should set threshold amounts for when a mom-influencer is required to open a Coogan Account. This would distinguish between a mom-influencer who features her child so predominantly in revenue-driving posts that she must register for a work permit and social-media influencers who occasionally post about their children but who earn money solely from non-child-centric posts."

Möglichkeit eines an den Einzelfall anzupassenden Teilbelassens müsste gegeben sein. Ein Vorgehen „nach Augenmaß“ gefährdet dann auch nicht die zuvor geschilderten Präventionszwecke.

6. Verantwortung der Plattformbetreiber

Ebenfalls angelehnt an das *Loi visant à encadrer l'exploitation commerciale de l'image d'enfants de moins de seize ans sur les plateformes en ligne* sollte über die reine Störerhaftung[467] hinaus die Verantwortlichkeit der Plattformbetreiber gestärkt werden.[468] Denn nur, wenn alle wichtigen Akteure in ihrer Verantwortung zusammenwirken, kann es gelingen, Kinder auch bei einem aktiven Auftreten im Internet angemessen zu schützen.

---

467 Hierzu s.a. D.IV. a.E.

468 Vgl. zu den von diesen ausgehenden Gefahren C.II.

Anhang

LOI no 2020–1266 du 19 octobre 2020 visant à encadrer l'exploitation commerciale de l'image d'enfants de moins de seize ans sur les plateformes en ligne (1)[469]

NOR : MICX2012545L

L'Assemblée nationale et le Sénat ont adopté,
Le Président de la République promulgue la loi dont la teneur suit :

Article 1er

Le livre Ier de la septième partie du code du travail est ainsi modifié :
1° A l'intitulé, après le mot : « professionnels », il est inséré le signe : «, » et, après le mot : « spectacle », sont insérés les mots : «, de l'audiovisuel » ;

2° A l'intitulé du titre II, après le mot : « spectacle », sont insérés les mots : «, de l'audiovisuel » ;

3° A l'intitulé du chapitre IV du même titre II, après le mot : « ambulantes », sont insérés les mots : «, l'audiovisuel » ;

4° L'article L. 7124–1 est ainsi modifié :
a) Après le mot : « télévision », la fin du 2° est ainsi rédigée : «, d'enregistrements sonores ou d'enregistrements audiovisuels, quels que soient leurs modes de communication au public ; » ;
b) Sont ajoutés deux alinéas ainsi rédigés :

« 5° Par un employeur dont l'activité consiste à réaliser des enregistrements audiovisuels dont le sujet principal est un enfant de moins de seize ans, en vue d'une diffusion à titre lucratif sur un service de plateforme de partage de vidéos.
« En cas d'obtention de l'autorisation mentionnée au 5° du présent article, l'autorité administrative délivre aux représentants légaux une information relative à la protection des droits de l'enfant dans le cadre de la réalisation de ces vidéos, qui porte notamment sur les conséquences, sur la vie privée

469 Abrufbar unter https://www.legifrance.gouv.fr/jorf/id/JORFTEXT000042439054 (zuletzt geprüft am 17.5.2021).

de l'enfant, de la diffusion de son image sur une plateforme de partage de vidéos. Cette information porte également sur les obligations financières qui leur incombent, en application de l'article L. 7124–25. » ;

5° La section 2 du chapitre IV du titre II est ainsi modifiée :

a) A l'intitulé, les mots : « agences de mannequins » sont remplacés par le mot : « personnes » ;

b) Après l'article L. 7124–4, il est inséré un article L. 7124–4–1 ainsi rédigé :

« Art. L. 7124–4–1.-Lorsque l'enfant est engagé, en application du 5° de l'article L. 7124–1, l'autorisation individuelle prend la forme d'un agrément. » ;

6° L'article L. 7124–5 est ainsi rédigé :

« Art. L. 7124–5.-Les agréments prévus aux articles L. 7124–4 et L. 7124–4–1 pour l'engagement des enfants de moins de seize ans sont accordés par l'autorité administrative pour une durée déterminée renouvelable.

« Ils peuvent être retirés à tout moment.

« En cas d'urgence, ils peuvent être suspendus pour une durée limitée. » ;

7° L'article L. 7124–9 est ainsi modifié :

a) La première phrase du deuxième alinéa est complétée par les mots : « ou son émancipation » ;

b) Le dernier alinéa est supprimé ;

8° Le premier alinéa de l'article L. 7124–10 est ainsi modifié :

a) La référence : « de l'article L. 7124–4 » est remplacée par les références : « des articles L. 7124–4 et L. 7124–4–1 » ;

b) A la fin, les mots : « de l'agence de mannequin qui emploie l'enfant » sont remplacés par les mots : « prévue à l'article L. 7124–5 » ;

9° Au second alinéa du même article L. 7124–10, le mot : « deuxième » est remplacé par le mot : « second » ;

10° L'article L. 7124–25 est ainsi modifié :

a) Au premier alinéa, les références : « articles L. 7124–1 et L. 7124–2 » sont remplacées par les références : « 1° à 4° de l'article L. 7124–1 et à l'article L. 7124–2 » ;

b) Après le même premier alinéa, il est inséré un alinéa ainsi rédigé :

« Est puni de la même peine le fait pour toute personne employant des enfants mentionnés au 5° de l'article L. 7124–1 de ne pas respecter l'obligation mentionnée au second alinéa de l'article L. 7124–9. »

Article 2

Après l'article 6–1 de la loi n° 2004–575 du 21 juin 2004 pour la confiance dans l'économie numérique, il est inséré un article 6–2 ainsi rédigé :

« Art. 6–2.-Lorsque l'autorité administrative compétente mentionnée à l'article L. 7124–1 du code du travail constate qu'un contenu audiovisuel est mis à la disposition du public sur une plateforme mentionnée au 5° du même article L. 7124–1 en méconnaissance de l'obligation d'agrément préalable prévu au titre du même 5° ou de l'obligation déclarative prévue à l'article 3 de la loi n° 2020–1266 du 19 octobre 2020 visant à encadrer l'exploitation commerciale de l'image d'enfants de moins de seize ans sur les plateformes en ligne, elle peut saisir l'autorité judiciaire selon les modalités et dans les conditions prévues par voie réglementaire afin que cette dernière ordonne toute mesure propre à prévenir un dommage imminent ou à faire cesser un trouble manifestement illicite. »

Article 3

I. – Hors des cas mentionnés à l'article L. 7124–1 du code du travail, la diffusion de l'image d'un enfant de moins de seize ans sur un service de plateforme de partage de vidéos, lorsque l'enfant en est le sujet principal, est soumise à une déclaration auprès de l'autorité compétente par les représentants légaux :

1° Lorsque la durée cumulée ou le nombre de ces contenus excède, sur une période de temps donnée, un seuil fixé par décret en Conseil d'Etat ;
2° Ou lorsque la diffusion de ces contenus occasionne, au profit de la personne responsable de la réalisation, de la production ou de la diffusion de ceux-ci, des revenus directs ou indirects supérieurs à un seuil fixé par décret en Conseil d'Etat.
II. – L'autorité mentionnée au premier alinéa du I du présent article formule des recommandations aux représentants légaux de l'enfant relatives :
1° Aux horaires, à la durée, à l'hygiène et à la sécurité des conditions de réalisation des vidéos ;

2° Aux risques, notamment psychologiques, associés à la diffusion de celles-ci ;

3° Aux dispositions visant à permettre une fréquentation scolaire normale ;

4° Aux obligations financières qui leur incombent en application du III.

III. – Lorsque les revenus directs et indirects tirés de la diffusion des contenus mentionnés au I excèdent, sur une période de temps donnée, le seuil fixé par décret en Conseil d'État en application du 2° du même I, les revenus perçus à compter de la date à laquelle ce seuil est dépassé sont versés sans délai à la Caisse des dépôts et consignations et gérés par cette caisse jusqu'à la majorité de l'enfant ou, le cas échéant, jusqu'à la date de son émancipation. Des prélèvements peuvent être autorisés en cas d'urgence et à titre exceptionnel. Une part des revenus, déterminée par l'autorité compétente, peut être laissée à la disposition des représentants légaux de l'enfant.

IV. – Tout annonceur qui effectue un placement de produit dans un programme audiovisuel diffusé sur une plateforme de partage de vidéos dont le sujet principal est un enfant de moins de seize ans est tenu de vérifier auprès de la personne responsable de la diffusion si celle-ci déclare être soumise à l'obligation mentionnée au III du présent article. En pareil cas, l'annonceur verse la somme due en contrepartie du placement de produit, minorée, le cas échéant, de la part déterminée en application de la dernière phrase du même III, à la Caisse des dépôts et consignations, qui est chargée de la gérer jusqu'à la majorité de l'enfant ou, le cas échéant, jusqu'à la date de son émancipation. Les dispositions de la deuxième phrase dudit III sont applicables. Le non-respect de l'obligation fixée à la deuxième phrase du présent IV est puni de 3 750 € d'amende.

Article 4

Les services de plateforme de partage de vidéos adoptent des chartes qui ont notamment pour objet :

1° De favoriser l'information des utilisateurs sur les dispositions de nature législative ou règlementaire applicables en matière de diffusion de l'image d'enfants de moins de seize ans par le biais de leurs services et sur les risques, notamment psychologiques, associés à la diffusion de cette image ;

2° De favoriser l'information et la sensibilisation, en lien avec des associations de protection de l'enfance, des mineurs de moins de seize ans sur les conséquences de la diffusion de leur image sur une plateforme de partage de vidéos, sur leur vie privée et en termes de risques psychologiques et juridiques et sur les moyens dont ils disposent pour protéger leurs droits, leur dignité et leur intégrité morale et physique ;

3° De favoriser le signalement, par leurs utilisateurs, de contenus audiovisuels mettant en scène des enfants de moins de seize ans qui porteraient atteinte à la dignité ou à l'intégrité morale ou physique de ceux-ci ;

4° De prendre toute mesure utile pour empêcher le traitement à des fins commerciales, telles que le démarchage, le profilage et la publicité basée sur le ciblage comportemental, des données à caractère personnel de mineurs qui seraient collectées par leurs services à l'occasion de la mise en ligne par un utilisateur d'un contenu audiovisuel où figure un mineur ;

5° D'améliorer, en lien avec des associations de protection de l'enfance, la détection des situations dans lesquelles la réalisation ou la diffusion de tels contenus porteraient atteinte à la dignité ou à l'intégrité morale ou physique des mineurs de moins de seize ans qu'ils font figurer ;

6° De faciliter la mise en œuvre, par les mineurs, du droit à l'effacement des données à caractère personnel prévu à l'article 51 de la loi n° 78–17 du 6 janvier 1978 relative à l'informatique, aux fichiers et aux libertés et d'informer ceux-ci, en des termes clairs et précis, aisément compréhensibles par eux, des modalités de mise en œuvre de ce droit.

Article 5

Après l'article 15 de la loi n° 86–1067 du 30 septembre 1986 relative à la liberté de communication, il est inséré un article 15–1 ainsi rédigé :

« Art. 15–1.-Le Conseil supérieur de l'audiovisuel promeut l'adoption par les services de plateforme de partage de vidéos des chartes prévues à l'article 4 de la loi n° 2020–1266 du 19 octobre 2020 visant à encadrer l'exploitation commerciale de l'image d'enfants de moins de seize ans sur les plateformes en ligne.

« Il publie un bilan périodique de l'application et de l'effectivité de ces chartes. A cette fin, il recueille auprès de ces services, dans les conditions fixées à l'article 19 de la présente loi, toutes les informations nécessaires à l'élaboration de ce bilan. »

Article 6

Le consentement des titulaires de l'autorité parentale n'est pas requis pour la mise en œuvre, par une personne mineure, du droit à l'effacement des données à caractère personnel prévu à l'article 51 de la loi n° 78–17 du 6 janvier 1978 relative à l'informatique, aux fichiers et aux libertés.

Article 7

Le Gouvernement remet au Parlement, dans un délai de six mois à compter de la publication de la présente loi, un rapport évaluant le renforcement de la protection des données des mineurs depuis la mise en place du règlement n° 2016/679 du Parlement européen et du Conseil du 27 avril 2016 relatif à la protection des personnes physiques à l'égard du traitement des données à caractère personnel et à la libre circulation de ces données, et abrogeant la directive 95/46/CE (règlement général sur la protection des données).

Article 8

La présente loi entre en vigueur six mois après sa publication.
La présente loi sera exécutée comme loi de l'Etat.

Fait à Paris, le 19 octobre 2020.

Emmanuel Macron
Par le Président de la République :

Le Premier ministre,
Jean Castex

Le ministre de l'économie, des finances et de la relance,
Bruno Le Maire

La ministre du travail, de l'emploi et de l'insertion,
Elisabeth Borne

Le garde des sceaux, ministre de la justice,
Éric Dupond-Moretti

La ministre de la culture,
Roselyne Bachelot-Narquin

(1) Travaux préparatoires : loi n° 2020–1266.

Assemblée nationale :
Proposition de loi n° 2519 ;
Rapport de M. Bruno Studer, au nom de la commission des affaires culturelles, n° 2651 ;
Discussion et adoption le 12 février 2020 (TA n° 403).
Sénat :
Proposition de loi, adoptée par l'Assemblée nationale, n° 317 (2019–2020) ;
Rapport de M. Jean-Raymond Hugonet, au nom de la commission de la culture, n° 532 (2019–2020) ;
Teste de la commission n° 533 (2019–2020) ;
Discussion et adoption le 25 juin 2020 (TA n° 110, 2019–2020).
Assemblée nationale :
Proposition de loi, modifiée par le Sénat, n° 3133 ;
Rapport de M. Bruno Studer, au nom de la commission des affaires culturelles, n° 3380 ;
Discussion et adoption le 6 octobre 2020 (TA n° 485).

Literaturverzeichnis

Ahlberg, Hartwig/Götting, Horst-Peter (Hrsg.), Beck'scher Online-Kommentar Urheberrecht, München [zit.: *Bearbeiter*in*, in: BeckOK Urheberrecht].

Ahrens, Hans-Jürgen, Influencer Marketing – Regulierungsrahmen und Konsequenzen seiner Anwendung (Teil 1), GRUR 2018, 1211.

Ahrens, Hans-Jürgen, Influencer Marketing – Regulierungsrahmen und Konsequenzen seiner Anwendung (Teil 2), GRUR 2018, 1218.

Alberts, Carolin Felicitas, Die rechtliche Bewertung der Tätigkeit von Influencern unter besonderer Berücksichtigung werberechtlicher Problemstellungen (2021) [zit.: *Alberts*, Die rechtliche Bewertung der Tätigkeit von Influencern].

Alston, Philip, Implementing Children's Rights: The Case of Child Labour, Nordic Journal of International Law 1989, 35.

Amend-Traut, Anja/Bongartz, Josef, Der Schwangerschaftsabbruch bei Minderjährigen – rechtliche Perspektiven zwischen Selbstbestimmung und elterlicher Verantwortung, FamRZ 2016, 5.

Barthels, Inga, Instagram für Kinder? Nein, danke, https://www.tagesspiegel.de/gesellschaft/protest-gegen-plaene-fuer-neue-plattform-instagram-fuer-kinder-nein-danke/27104446.html (zuletzt geprüft am 14.5.2021).

Beater, Axel, Persönlichkeitsschutz Minderjähriger und mediale Berichterstattung, JZ 2013, 111.

Beckschebe, Claudia, Jung und einflussreich, Kinder als Influencer, Dein SPIEGEL 09/2020, abrufbar unter: https://www.spiegel.de/deinspiegel/kinder-als-influencer-auf-youtube-tiktok-und-instagram-jung-und-einflussreich-a-00000000-0002-0001-0000-000172431232 (zuletzt geprüft am 23.7.2021).

Berg, Madeline, The Highest-Paid YouTube Stars of 2019: The Kids Are Killing It, https://www.forbes.com/sites/maddieberg/2019/12/18/the-highest-paid-youtube-stars-of-2019-the-kids-are-killing-it/#be4c18138cd4 (zuletzt geprüft am 16.2.2021).

Berg, Madeline/Brown, Abram, The Highest-Paid YouTube Stars Of 2020, https://www.forbes.com/sites/maddieberg/2020/12/18/the-highest-paid-youtube-stars-of-2020/?sh=377d26006e50 (zuletzt geprüft am 16.2.2021).

Berthold, Oliver, Grenzbereiche der Vernachlässigung: Kindeswohl und Elternrecht vor dem Hintergrund gesellschaftlicher Entwicklungen und Debatten, NZFam 2020, 361.

Boeselager, Felicitas, Jugendliche und die digitale Welt, https://www.deutschlandfunk.de/lernziel-medienkompetenz-jugendliche-und-die-digitale-welt.724.de.html?dram:article_id=414470 (zuletzt geprüft am 15.2.2021).

Brost, Lukas, Das Persönlichkeitsrecht von Minderjährigen, Hamburg 2016.

Brost, Lucas/Rodenbeck, Julian, Minderjährige in den Medien – Herausforderungen in alten und neuen Öffentlichkeiten, AfP 2016, 495.

Buchner, Benedikt, Von der Wiege bis zur Bahre? – Datenschutz im Familienrecht unter der DS-GVO, FamRZ 2019, 665.

Bundesministerium für Familie, Senioren, Frauen und Jugend [zit.: BMFSFJ], Kabinett beschließt neues Jugendschutzgesetz, https://www.bmfsfj.de/bmfsfj/aktuelles/presse/pressemitteilungen/kabinett-beschliesst-neues-jugendschutzgesetz/161194 (zuletzt geprüft am 22.02.2021).

Bundesprüfstelle für jugendgefährdende Medien, Gefährdungsatlas (2019), abrufbar unter: https://www.bundespruefstelle.de/blob/142084/2c81e8af0ea7cff94d1b688f360ba1d2/gefaehrdungsatlas-data.pdf#JFF_Gefaehrungsatlas_20191128_BARRIEREFREI.indd%3A.55361%3A1282 (zuletzt geprüft am 15.2.2021).

Charbonneau, Ninja, Kinderarbeit weltweit, https://www.unicef.de/informieren/aktuelles/blog/kinderarbeit-fragen-und-antworten/166982 (zuletzt geprüft am 16.2.2021).

Dammann, Ulrich, Erfolge und Defizite der EU-Datenschutzgrundverordnung Erwarteter Fortschritt, Schwächen und überraschende Innovationen, ZD 2016, 307.

Dannecker, Sophie, Kurzer Ausblick nach Frankreich, Französisches Parlament verabschiedet Gesetz zum Schutz von Kinder-Influencern, NZFam 2020, 1093.

Deutscher Bundestag, Kontroverse Debatte über Gesetzentwürfe zu Kinderrechten im Grundgesetz, https://www.bundestag.de/dokumente/textarchiv/2019/kw23-de-kinderrechte-643308_(zuletzt geprüft am 19.2.2021).

Deutscher Werberat, Verhaltensregeln des Deutschen Werberats für die Werbung vor und mit Kindern und Jugendlichen in Fernsehen, Radio und Telemedien („Kinderregeln"), Fassung v. 2017, abrufbar unter: https://www.werberat.de/file/8840/download?token=EalxKuDX (zuletzt geprüft am 18.2.2021).

Deutscher Werberat, Vier Öffentliche Rügen – Werberat kritisiert sexistische Werbung, https://www.werberat.de/vier-offentliche-rugen-werberat-kritisiert-sexistische-werbung (zuletzt geprüft am 18.2.2021).

Deutsches Institut für Jugendhilfe und Familienrecht e.V., DIJuF-Rechtsgutachten 28.6.2017, SN_2017_0405 Ho – Filmen von Kindern als Kinderarbeit, Einstellen von Filmen auf YouTube als Kindeswohlgefährdung, JAmt 2017, 426.

Deutsches Kinderhilfswerk (Hrsg.), Dossier, Zwischen Spielzeug, Kamera und YouTube, Berlin 2019, abrufbar unter https://www.dkhw.de/fileadmin/Redaktion/1_Unsere_Arbeit/1_Schwerpunkte/6_Medienkompetenz/6.14_Kinder-Influencer/Dossier_KinderinfluencerInnen.pdf (zuletzt geprüft am 23.7.2021) [zit.: *Autor*in*, in: DKHW, Zwischen Spielzeug, Kamera und YouTube].

Deutsches Kinderhilfswerk e.V. (Hrsg.), *Kutscher*, *Nadia*/*Bouillon*, *Ramona*, Studie, Kinder.Bilder.Rechte. Persönlichkeitsrechte von Kindern im Kontext der digitalen Mediennutzung in der Familie, Berlin 2018, abrufbar unter https://shop.dkhw.de/de/index.php?controller=attachment&id_attachment=69 (zuletzt geprüft am 23.7.2021) [zit.: DKHW, Kinder.Bilder.Rechte.].

Deutsches Kinderhilfswerk e.V./Kommission für Jugendmedienschutz, Veranstaltungsbericht, Fachtag von DKHW und KJM „Zwischen Spielzeug, Kamera und YouTube – Kinder und Influencing in sozialen Medien“, Berlin 2018, abrufbar unter https://www.kjm-online.de/fileadmin/user_upload/Veranstaltungen/2018/2018_09_27_KJM_Kinder-Influencer/20180927_Veranstaltungsbericht_KJM-DKHW.pdf (zuletzt geprüft am 23.7.2021) [zit.: DKHW/KJM, Veranstaltungsbericht, Fachtag „Zwischen Spielzeug, Kamera und YouTube“].

Diebel, Toyah, #DigitaleKinderarbeit braucht Regeln, https://www.change.org/p/bundesministerium-f%C3%BCr-justiz-und-verbraucherschutz-digitale-kinderarbeit-braucht-regeln (zuletzt geprüft am 15.2.2021).

die medienanstalten, Glossar – Influencer-Marketing, https://www.die-medienanstalten.de/service/glossar/ausdruck/influencer-marketing/ (zuletzt geprüft am 15.2.2021).

Dreier, Horst (Hrsg.), Grundgesetz-Kommentar, 3. Aufl., Tübingen 2013 [zit.: *Bearbeiter*in*, in: Dreier (Hrsg.), Grundgesetz-Kommentar].

Dreier, Thomas/Schulze, Gernot (Hrsg.), Urheberrechtsgesetz, Verwertungsgesellschaftengesetz, Kunsturhebergesetz, Kommentar, 6. Aufl., München 2018 [zit.: *Bearbeiter*in*, in: Dreier/Schulze (Hrsg.), Urheberrecht).

Duden, Cybermobbing, https://www.duden.de/rechtschreibung/Cybermobbing (zuletzt geprüft am 15.2.2021).

Duden, Cyberstalking, https://www.duden.de/rechtschreibung/Cyberstalking (zuletzt geprüft am 15.2.2021).

Duden, Digital Native, https://www.duden.de/rechtschreibung/Digital_Native (zuletzt geprüft am 15.2.2021).

Duden, Follower, https://www.duden.de/rechtschreibung/Follower (zuletzt geprüft am 15.2.2021).

Duden, Hater, https://www.duden.de/rechtschreibung/Hater (zuletzt geprüft am 15.2.2021).

Duden, Hobby, https://www.duden.de/rechtschreibung/Hobby (zuletzt geprüft am 16.2.2021).

Duden, Influencer, https://www.duden.de/rechtschreibung/Influencer (zuletzt geprüft am 15.2.2021).

Duden, Like, https://www.duden.de/rechtschreibung/Like (zuletzt geprüft am 15.2.2021).

Duden, Posting, https://www.duden.de/rechtschreibung/Posting (zuletzt geprüft am 15.2.2021).

Duden, Sexting, https://www.duden.de/rechtschreibung/Sexting (zuletzt geprüft am 15.2.2021).

Duden, Social Media, https://www.duden.de/rechtschreibung/Social_Media (zuletzt geprüft am 15.2.2021).

Duden, Social Network, https://www.duden.de/rechtschreibung/Social_Network (zuletzt geprüft am 15.2.2021).

Eder, *Clara*/*Frost*, *Birgit*, Von der Mediennutzung zur Medienkompetenz, https://www.bpb.de/lernen/digitale-bildung/werkstatt/268294/von-der-mediennutzung-zur-medienkompetenz (zuletzt geprüft am 15.2.2021).

Epping, Volker/Hillgruber, Christian (Hrsg.), Grundgesetz Kommentar, Beck'scher Online-Kommentar Grundgesetz, München [zit.: *Bearbeiter*in*, in: BeckOK GG].

Erfurter Kommentar zum Arbeitsrecht, hrsg. v. Müller-Glöge/Preis/Schmidt, 21. Aufl., München 2021 [zit.: *Bearbeiter*in*, in: ErfK ArbR].

Feinberg, *Joel*, The Child's Right to an Open Future, in: ders., Freedom and Fulfilment. Philosophical Essays., Princeton 1992, S. 76ff.

Filgueiras, *Sofia*, Acórdão do Tribunal da Relação de Évora (Portugal): Verbot der Veröffentlichung von Fotos der eigenen Kinder in sozialen Netzwerken, ZD 2016, 227.

Franzen, Martin/Gallner, Inken/Oetker, Hartmut (Hrsg.), Kommentar zum europäischen Arbeitsrecht, 3. Aufl., München 2020 [zit.: *Bearbeiter*in*, in: Franzen/Gallner/Oetker].

Fritzsche, *Jörg*/*Knapp*, *Jonas*, Bildnisse von Kindern im Internet und in sozialen Medien, FamRZ 2019, 1907.

Gabler Wirtschaftslexikon, Stichwort Unique Selling Proposition (USP), https://wirtschaftslexikon.gabler.de/definition/unique-selling-proposition-usp-50075 (zuletzt geprüft am 15.2.2021).

Gensichen, *Uta*, Vorteil durch Ausbeutung, https://taz.de/Kinderarbeit-fuer-Uelzen/!5146211/ (zuletzt geprüft am 16.2.2021).

GEO, GEO Chronik Nr. 3 – Die 100 genialsten Erfindungen, 30 Jahre World Wide Web, Warum Tim Berners-Lee seine großartige Erfindung einfach so hergab, https://www.geo.de/wissen/21051-rtkl-30-jahre-world-wide-web-warum-tim-berners-lee-seine-grossartige-erfindung-einfach (zuletzt geprüft am 22.7.2021).

Gersdorf, Hubertus/Paal, Boris P. (Hrsg.), Beck'scher Online-Kommentar Informations- und Medienrecht, München [zit.: *Bearbeiter*in*, in: BeckOK Informations- und Medienrecht].

Giesinger, *Johannes*, Adipositas bei Kindern: Elterliche Rechte, Paternalismus und Gerechtigkeit, Zeitschrift für praktische Philosophie 2015, 59.

Glöckner, *Hans Peter*, Die Haftung des Minderjährigen, FamRZ 2000, 1397.

Goerdeler, *Bettina*, YouTuber*innen – die Popstars von heute als Vorbilder für viele Kinder und Jugendliche, https://digitale-chancen.de/content/stories/index.cfm/aus.2/key.3455/secid.137/secid2.0/lang.1 (zuletzt geprüft am 15.2.2021).

Götting, *Horst-Peter*, Persönlichkeitsrechte als Vermögensrechte (1995).

Götz, *Isabell*, Kinderzimmer 4.0 – Ausverkauf der Kindheit?, FamRZ 2019, 573.

Gounalakis, *Georgios*/*Rhode*, *Lars*, Der virtuelle Rosenkrieg, Persönlichkeitsverletzungen im Internet und ihre familienrechtlichen Implikationen, FF 2002, 202.

Grams, *Hartmut A.*, Verfassungswidrige Legalisierung „Gesetz über den Umfang der Personensorge bei einer Beschneidung des männlichen Kindes" (aus nichtmedizinischen Gründen), GesR 2013, 332.

von der Groeben, Hans/Schwarze, Jürgen/Hatje, Armin (Hrsg.), Europäisches Unionsrecht, 7. Aufl., Baden-Baden 2015.

Gsell, Beate/Krüger, Wolfgang/Lorenz, Stephan/Reymann, Christoph (Hrsg.), Beck-online.Großkommentar, München [zit.: *Bearbeiter*in*, in: BeckOGK].

Hajok, *Daniel*//*Wüstefeld*, *Laura*, Momblogs auf Instagram, Ergebnisse einer Analyse von Kinderfotos und darauf bezogenen Kommentaren, JMS-Report 2/2020, 2.

Hau, Wolfgang/Poseck, Roman (Hrsg.), Beck'scher Online-Kommentar BGB, München [zit.: *Bearbeiter*in*, in: BeckOK BGB].

Herberger, *Marie*, Die Welt zu Gast im digitalen Kinderzimmer, juris Monatszeitschrift 2020 (12), 442.

Hertreiter, *Laura*, Phänomen Instamom, https://www.sueddeutsche.de/leben/instagram-star-pawlu-phaenomen-instamom-1.3930998 (zuletzt geprüft am 16.2.2021).

Holsten, *Cornelia*, Guck mal, wie süß, Von Babys und Influencern, epd medien 2020, 3.

International Chamber of Commerce [zit.: ICC], ICC-Kodex zur Werbe- und Marketingkommunikation, abrufbar unter: https://iccwbo.org/content/uploads/sites/3/2020/03/icc-advertising-and-marketing-communications-code-german-final.pdf (zuletzt geprüft am 18.2.2021).

J. von Staudingers Kommentar zum Bürgerlichen Gesetzbuch, Berlin 2020 [zit.: *Bearbeiter*in*, in: Staudinger BGB].

Jensen, *Sarah*/*Rottwinkel*, *Wolfgang*, AG Bad Hersfeld: Vermögensgefährdung eines Kindes durch die Nutzung von WhatsApp, ZD-aktuell 2017, 05681.

Jesgarzewski, *Tim*, Elterliche Sorge und WhatsApp, NZFam 2017, 474.

Jungblut, *Peter*, „I like it": So entlarvt Böhmermann den Influencer-Hotspot Dubai, https://www.br.de/nachrichten/kultur/i-like-it-so-entlarvt-boehmermann-den-influencer-hotspot-dubai,SOndV8L (zuletzt geprüft am 1.3.2021).

Kayser-Bril, *Nicolas*, Instagram-Algorithmus: Wer gesehen werden will, muss Haut zeigen, https://algorithmwatch.org/de/haut-zeigen-auf-instagram/ (zuletzt geprüft am 22.7.2021).

Kießling, *Andrea*, Das Recht der öffentlichen Gesundheit, Habilitationsschrift, noch unveröffentlichtes Manuskript, Bochum 2021.

Krüger, *Stefan*/*Wiencke*, *Julia*, Bitte recht freundlich – Verhältnis zwischen KUG und DS-GVO, Herstellung und Veröffentlichung von Personenbildnissen nach Inkrafttreten der DS-GVO, MMR 2019, 76.

Kugelmann, *Dieter*, Datenfinanzierte Internetangebote, DuD 2016, 566.

Lackner/Kühl, StGB, 29. Aufl., München 2018.

Landschaftsverband Rheinland (LVR), Vorsicht! Kinder vor der Kamera, abrufbar unter: https://www.mags.nrw/sites/default/files/asset/document/vorsicht_kinder_vor_der_kamera.pdf (zuletzt geprüft am 19.2.2021).

Lauck, *Dominik*, Was erlaubt ist – und was verboten, https://www.tagesschau.de/inland/faq-kinderarbeit-101.html (zuletzt geprüft am 16.2.2021).

Le Monde/AFP, Le Parlement adopte à l'unanimité une loi pour encadrer la pratique des enfants « influenceurs », https://www.lemonde.fr/societe/article/2020/10/06/le-parlement-adopte-a-l-unanimite-une-loi-pour-encadrer-la-pratique-des-enfants-influenceurs_6055019_3224.html (zuletzt geprüft am 18.2.2021).

Leeb/Maisch, Social-Media-Stars und -Sternchen im rechtsfreien Raum?, ZUM 2019, 29.

Lemmert, Miriam, OLG Hamm, Beschluss v. 29.11.2019 – II-12 UF 236/19, 12 UF 236/19, MedR 2020, 679.

Lettmaier, Saskia, Die Veröffentlichung von Bildnissen des Kindes durch die sorgeberechtigten Eltern: Rechtsprobleme des „Sharenting", in: Recht, Sport, Technik und Wirtschaft in mehrdimensionalen Perspektiven, Liber amicorum für Klaus Vieweg zum 70. Geburtstag, hrsg. v. Lorz/Regenfus/Röthel/Sprengler, Berlin 2021, S. 355 ff. [zit: *Lettmaier*, in: Recht, Sport, Technik und Wirtschaft in mehrdimensionalen Perspektiven].

LfM NRW, Bin ich Rundfunk?, https://www.medienanstalt-nrw.de/themen/rundfunklizenzen.html (zuletzt geprüft am 19.2.2021).

LfM NRW/BMFSJ, Kinder und Onlinewerbung, https://www.medienanstalt-nrw.de/fileadmin/user_upload/Zusammenfassung_LfM__Kinder_und_Onlinewerbung.pdf (zuletzt geprüft am 15.2.2021).

Lichtnecker, Neues aus dem Social Media-Marketing, Aktuelle wettbewerbs-, urheber- und markenrechtliche Problemstellungen, MMR 2018, 512.

Lutz, Jan, Influencer: Die Sache mit der Werbung, abrufbar unter: https://www.sueddeutsche.de/wirtschaft/influencer-werbung-social-media-pamela-reif-1.5185140 (zuletzt geprüft am 15.2.2021).

Maier-Bode, Sine, Kindheit unter Hitler, https://www.planet-wissen.de/geschichte/nationalsozialismus/kindheit_im_zweiten_weltkrieg/pwiekindheitunterhitler100.html (zuletzt geprüft am 16.2.2021).

Maunz/Dürig, Grundgesetz Kommentar, hrsg. v. Herzog/Scholz/Herdegen/Klein, 94. EL Januar 2021, München [zit.: *Bearbeiter*in*, in: Maunz/Dürig, Grundgesetz].

Media Smart e.V., Handlungsempfehlungen Kinder-Influencing), https://www.mediasmart.de/handlungsempfehlungen-kinder-influencing (zuletzt geprüft am 15.2.2021).

Mein Versicherungsmakler, Gut versichert: Die teuersten Beine der Welt, https://www.mein-versicherungsmakler-in.de/weitere-themen/68-versicherung-7 (zuletzt geprüft am 16.2.2021).

Meyer-Ladewig, Jens/Nettesheim, Martin/von Raumer, Stefan (Hrsg.), Europäische Menschenrechtskonvention, 4. Aufl., Baden-Baden 2017 [zit.: *Bearbeiter*in*, in: Meyer-Ladewig/Nettesheim/von Raumer (Hrsg.), EMRK].

Moorstedt, Michael, Legebatterie für Influencer, https://www.sueddeutsche.de/leben/tiktok-chase-hudson-hype-collab-house-1.5095021 (zuletzt geprüft am 16.2.2021).

Münchener Kommentar zum Bürgerlichen Gesetzbuch, hrsg. v. Säcker/Rixecker/Oetker/Limperg, 8. Aufl., München 2020 [zit.: *Bearbeiter*in*, in: MüKo BGB].

N.N., Diese Frau war die erste Influencerin der Welt, https://www.tagesspiegel.de/wirtschaft/schon-vor-100-jahren-diese-frau-war-die-erste-influencerin-der-welt/25690870.html (zuletzt geprüft am 15.2.2021).

N.N., Sex-Chats mit Kindern auf Instagram und TikTok: Anzeigen, https://www.zeit.de/news/2021-02/12/sex-chats-mit-kindern-auf-instagram-und-tiktok-anzeigen (zuletzt geprüft am 15.2.2021).

O'Neill, Erin E., Influencing the Future: Compensating Children in the Age of Social-Media Influencer Marketing, Stanford Law Review Online Dec. 2019, 42, https://review.law.stanford.edu/wp-content/uploads/sites/3/2019/12/72-Stan.-L.-Rev.-Online-ONeill.pdf (zuletzt geprüft am 23.7.2021) [zit als: *O'Neill*, Influencing in the Future, Stanford Law Review Online Dec. 2019, 42].

Österreichischer Werberat, https://www.werberat.at/Influencer.aspx (zuletzt geprüft am 15.2.2021)

Paal, Boris/Pauly, Daniel (Hrsg.), Datenschutzgrundverordnung Bundesdatenschutzgesetz, 3. Aufl., München 2021 [zit.: *Bearbeiter*in*, in: Paal/Pauly, DSGVO BDSG].

Paschke, Kerstin/Holtmann, Martin/Melchers, Peter u.a., ZKJPP 2020, (48/4), 303.

Pein, *Vivian*, Die Geschichte des Social Networks, https://der-socialmediamanager.de/die-geschichte-der-social-networks/ (zuletzt geprüft am 15.2.2021).

Plath, Kai-Uwe (Hrsg.), DSGVO/BDSG Kommentar, 3. Aufl., Köln 2018 [zit.: *Bearbeiter*in*, in: Plath, DSGVO/BDSG].

Plewig, *Hans-Joachim*, Das >Kindeswohl< – Grenzen der Sozialdisziplinierung durch Kinderrechte, in: Steindorff (Hrsg.), Vom Kindeswohl zu den Kindesrechten, Neuwied/Kriftel/Berlin 1994, S. 7 ff. [zit.: *Plewig*, in: Steindorff (Hrsg.), Vom Kindeswohl zu den Kindesrechten].

Polster, *Anne-Kristin*, Kinderstars 2.0: Junge Medienpersönlichkeiten im Internet, Risiken für Entwicklung und Integrität, rechtliche Grenzen und die Rolle elterlicher Verantwortung für das Kindeswohl, JMS-Report 2/2021, 2.

Rake, *Ulrich*, Kinderrechte und Sorgerechtsbefugnisse bei elterlichen Foto-Postings in sozialen Medien, FamRZ 2020, 1064.

Remmertz, *Frank R.*, Aktuelle Entwicklungen im Social Media-Recht, Überblick der relevanten Themen aus Unternehmenssicht, MMR 2018, 507.

Richter, *Andrea*, Mehr nackte Haut bedeutet mehr Sichtbarkeit, 12.10.2020. https://www.deutschlandfunkkultur.de/sexistische-algorithmen-bei-instagram-mehr-nackte-haut.2156.de.html?dram:article_id=485646 (zuletzt geprüft am 22.7.2021).

Roth, *Wolfgang*, Die Grundrechte Minderjähriger im Spannungsfeld selbständiger Grundrechtsausübung, elterlichen Erziehungsrechts und staatlicher Grundrechtsbindung, Berlin 2003.

Rüth, *Ulrich/Freisleder*, *Franz Joseph*, Seelische Gewalt, https://www.aerzteleitfaden.bayern.de/diagnose/seelische-gewalt.php (zuletzt geprüft am 16.2.2021).

Ryte Wiki, Stichwort Unique Selling Point, https://de.ryte.com/wiki/Unique_Selling_Point (zuletzt geprüft am 15.2.2021).

Saatz, Claudia, Diese 9-jährige deutsche YouTuberin verdient so viel Geld, dass ihre Eltern ihre Jobs aufgegeben haben, https://www.businessinsider.de/panorama/diese-9-jaehrige-deutsche-youtuberin-verdient-so-viel-geld-dass-ihre-eltern-ihre-jobs-aufgegeben-haben-2018-12/ (zuletzt geprüft am 16.2.2021).

Saferinternet.at, Mindestalter: Ab wann dürfen Kinder WhatsApp, Instagram & Co. nutzen?, https://www.saferinternet.at/news-detail/mindestalter-ab-wann-duerfen-kinder-whatsapp-instagram-co-nutzen/ (zuletzt geprüft am 15.07.2020).

Schickhardt, Christoph, Kinderethik, 2. Aufl., Münster 2009.

Schimke, Anna, Rechtliche Rahmenbedingungen der Veröffentlichung von Kinderfotos im Netz durch Eltern, NZFam 2019, 851.

Schmahl, Stefanie, Kinderrechtskonvention, 2. Aufl., Baden-Baden 2017.

Schricker/Loewenheim, Urheberrecht, hrsg. v. Loewenheim/Leistner/Ohly, 6. Aufl., München 2020 [zit.: *Bearbeiter*in*, in: Schricker/Loewenheim, Urheberrecht].

Schwerdtner, Eberhard, Mehr Rechte für das Kind – Fluch oder Segen für die elterliche Sorge?, NJW 1999, 1525.

Spickhoff, Andreas, Einwilligungsfähigkeit und Geschäftsfähigkeit von Minderjährigen im Kontext medizinischer Behandlungen, FamRZ 2018, 412.

Statista, Deutsche YouTube-Kanäle aus dem Bereich "Mamis, Familien" nach der Anzahl der Abonnenten, https://de.statista.com/statistik/daten/studie/937207/umfrage/youtube-kanaele-aus-dem-bereich-familie-und-eltern-nach-der-anzahl-der-abonnenten-in-deutschland/ (zuletzt geprüft am 10.10.2021).

Statista, Ranking der zehn größten deutschen Influencer auf Instagram nach der Anzahl der Follower, https://de.statista.com/statistik/daten/studie/696861/umfrage/deutsche-influencer-auf-instagram-nach-anzahl-der-follower/ (Stand: 3.1.2020).

Statista, Top 10 der meistabonnierten deutschen YouTube-Kanäle nach der Anzahl der Abonnenten, https://de.statista.com/statistik/daten/studie/937332/umfrage/deutsche-youtuber-nach-anzahl-der-abonnenten/ (zuletzt geprüft am 10.10.2021).

Stolzenberg, Tom, YouTube: Das sind Deutschlands erfolgreichste Kanäle, https://www.film.tv/pressemeldungen/2018/youtube-das-sind-deutschlands-erfolgreichste-kanaele-41959.html (zuletzt geprüft am 15.2.2021).

Streinz, Rudolf (Hrsg.), EUV/AEUV, 3. Aufl., München 2018 [zit.: *Bearbeiter*in*, in: Streinz, EUV/AEUV].

Troge, Thorsten, Herausforderung: Influencer Marketing, GRUR-Prax 2018, 87.

Ulmer-Eifort, Constanze/Obergfell, Eva Inés (Hrsg.), Verlagsrecht, 2. Aufl., München 2021 [zit.: *Bearbeiter*in*, in: Ulmer-Eifort/Obergfell, Verlagsrecht].

Unabhängiger Beauftragter für Fragen des sexuellen Kindesmissbrauchs, https://beauftragter-missbrauch.de/praevention/sexuelle-gewalt-mittels-digitaler-medien/cybergrooming (zuletzt geprüft am 1.3.2021).

Unicef, Ursachen von Kinderarbeit stärker bekämpfen, https://www.unicef.de/informieren/aktuelles/presse/2019/kinderarbeit-bekaempfen/193808 (zuletzt geprüft am 16.2.2021).

Vetter, Stefan, Das Recht am eigenen Bild Minderjähriger in sozialen Netzwerken, AfP 2017, 127.

Wagner, Gerhard, Haftung von Plattformen für Rechtsverletzungen (Teil 1), GRUR 2020, 329.

Waleczek, Torben, Merkels „Neuland“ wird zur Lachnummer im Netz, https://www.tagesspiegel.de/politik/die-kanzlerin-und-das-internet-merkels-neuland-wird-zur-lachnummer-im-netz/8375974.html (zuletzt geprüft am 15.2.2021).

Wandtke, Artur-Axel/Bullinger, Winfried (Hrsg.), Praxiskommentar zum Urheberrecht, 5. Aufl., München 2019 [zit.: *Bearbeiter*in*, in: Wandtke/Bullinger, Praxiskommentar zum Urheberrecht].

Wapler, Friederike, Kinderrechte und Kindeswohl, Tübingen 2015.

Weber, Martin, Die Entwicklung des Rechts der elterlichen Sorge seit Mitte 2016, Teil 1 von 3, NZFam 2019, 6.

Weber, Silke, Kinder sind ihr USP, https://www.zeit.de/arbeit/2019-12/instagram-influencer-muetter-baby-geschaeftsmodell-follower (zuletzt geprüft am 15.2.2021).

Welzel, Hans, Studien zum System des Strafrechts, ZStW 58 (1939), 491.

Weyand, Joachim, Jugendarbeitsschutzgesetz, 2. Online-Aufl. 2016 [zit.: *Weyand*, JArbschG].

Willems, Constantin, Influencer als Unternehmer, MMR 2018, 707.

Wolff, Heinrich Amadeus/Brink, Stefan (Hrsg.), Beck'scher Online-Kommentar Datenschutzrecht, München [zit.: *Bearbeiter*in*, in: BeckOK Datenschutzrecht].

Wrobel, Laura, Die Rolle der Agenturen – zwischen Preisverhandlung und Rechtsberatung, https://mini-influencer.online-redakteure.com/die-rolle-der-agenturen/ (zuletzt geprüft am 18.2.2021).

Zschocher, Andrea, Darum brauchen wir neue Regelungen bei "Baby-Influencer*innen"), https://www.familie.de/baby/darum-brauchen-wir-neue-regelungen-bei-baby-influencerinnen/ (zuletzt geprüft am 15.2.2021).

Rechtsprechungsverzeichnis

AG Bad Hersfeld, Beschluss v. 20.3.2017 – F 111/17 EASO, ZD 2017, 435.

BAG, Urteil v. 19.4.2012 – 2 AZR 156/11, NJW 2012, 3674.

BGH, Urteil v. 25.5.1954 – I ZR 211/53, BGHZ 13, 334, NJW 1954, 1404.

BGH, Urteil v. 26.6.1979 – VI ZR 108/78, NJW 1979, 2205.

BGH, Urteil v. 18.3.1980 – VI ZR 155/78, NJW 1980, 1903.

BGH, Urteil v. 11. 3. 2009 – I ZR 8/07 (Jauch), NJW 2009, 3032.

BGH, Urteil v. 17.12.2013 – VI ZR 211/12, BGHZ 199, 237.

BGH, Urteil v. 26.10.2018 – V ZR 143/17, NJW 2019, 773.

BGH, Urteil v. 9.9.2021 – I ZR 90/20 (Influencer I), juris.

BGH, Urteil v. 9.9.2021 – I ZR 125/20 (Influencer II), juris.

BGH, Urteil v. 9.9.2021 – I ZR 126/20 (Influencer III), juris.

BVerfG, Beschluss v. 12.7.1956 – 1 BvL 42/56, BVerfGE 7, 320; NJW 1958, 865.

BVerfG, Beschluss v. 15.1.1958 – 1 BvR 400/51 (Lüth), BVerfGE 7, 198.

BVerfG, Beschluss v. 29.07.1968 – 1 BvL 20/63 u.a. (Adoption I), BVerfGE 24, 119, NJW 1968, 2233.

BVerfG, Beschluss v. 3.6.1980 – 1 BvR 185/77 (Eppler), BVerfGE 54, 148, NJW 1980, 2070.

BVerfG, Urteil v. 16.6.1981 – 1 BvL 89/78 (3. Rundfunkentscheidung), BVerfGE 57, 295, NJW 1981, 1774.

BVerfG, Urteil v. 9.2.1982 – 1 BvR 845/79 (Schülerberater), BVerfGE 59, 360, NJW 1982, 1375.

BVerfG, Urteil v. 15.12.1983 – 1 BvR 209/83 u.a. (Volkszählung), BVerfGE 65, 1, NJW 1984, 419.

BVerfG, Beschluss v. 13.5.1986 – 1 BvR 1542/84, BVerfGE 72, 155, NJW 1986, 1859.

BVerfG, Beschluss v. 26.3.1987 – 2 BvR 589/79 u.a. (Unschuldsvermutung), BVerfGE 74, 358, NJW 1987, 2427.

BVerfG, Urteil v. 15.12.1999 – 1 BvR 653/96 (Caroline von Monaco II), BVerfGE 101, 361, NJW 2000, 1021.

BVerfG, Beschluss v. 31.3.2000 – 1 BvR 1353/99, FamRZ 2000, 941.

BVerfG, Beschluss v. 14.10.2004 – 2 BvR 1481/04 (EGMR-Entscheidungen), BVerfGE 111, 307, NJW 2004, 3407.

BVerfG, Urteil v. 01.04.2008 – 1 BvR 1620/04 (Elterliche Erziehungspflicht), BVerfGE 121, 69, NJW 2008, 1287.

BVerfG, Beschluss v. 23.3.2011 – 2 BvR 882/09 (Zwangsbehandlung im Maßregelvollzug), BVerfGE 128, 282, NJW 2011, 2113.

BVerfG, Beschluss v. 6.11.2019 – 1 BvR 16/13 (Recht auf Vergessen I), NJW 2020, 300.

BVerfG, Beschluss v. 6.11.2019 – 1 BvR 276/17 (Recht auf Vergessen II), NJW 2020, 314.

BVerwG, Beschluss v. 10.2.2011 – 1 B 22.10 –, BeckRS 2011, 48267.

EuGH, Urteil v. 6.11.2003 – C-101/01 (Lindqvist), ECLI:EU:C:2003:596, EuZW 2004, 245.

Generalanwalt *Bobek*, Schlussanträge v. 14.11.2017 – C 498/16 (Schrems), ECLI:EU:C:2017:863.

OLG Hamm, Beschluss v. 29.11.2019 – II-12 UF 236/19, MedR 2020, 679 m.Anm. *Lemmert.*

OLG Karlsruhe, Beschluss v. 16.10.2017 – 18 UF 123/16, NZFam 2017, 1132.

FSC
www.fsc.org
MIX
Papier | Fördert gute Waldnutzung
FSC® C083411

Kolibri 360 GmbH
Ferdinand-Jühlke-Straße 7
99095 Erfurt, Deutschland
produktsicherheit@kolibri360.de